楚尘
文化
Chu Chen

北京楚尘文化传媒有限公司 出品

[以] 伊维塔 · 泽鲁巴维尔 / 著　胡缠 / 译

房间里的大象

生活中的沉默和否认

The Elephant in the Room

Silence and Denial in Everyday Life

Eviatar Zerubavel

中信出版集团 | 北京

图书在版编目（CIP）数据

房间里的大象：生活中的沉默和否认 /（以）伊维塔·泽鲁巴维尔著；胡缠译. -- 北京：中信出版社，2021.5（2025.5 重印）

书名原文：The Elephant in the Room: Silence and Denial in Everyday Life

ISBN 978-7-5217-2725-8

Ⅰ. ①房… Ⅱ. ①伊… ②胡… Ⅲ. ①社会心理学—研究 Ⅳ. ①C912.6

中国版本图书馆CIP数据核字(2021)第032158号

本书简体中文版由楚尘文化与中信出版集团联合出版

房间里的大象：生活中的沉默和否认

著　　者：[以]伊维塔·泽鲁巴维尔
译　　者：胡缠
出版发行：中信出版集团股份有限公司
（北京市朝阳区东三环北路27号嘉铭中心　邮编　100020）
承 印 者：河北鹏润印刷有限公司

开　　本：787mm × 1092mm　1/32　　印　　张：6.125
字　　数：70千字
版　　次：2021年5月第1版　　印　　次：2025年5月第12次印刷
京权图字：01-2021-0979
书　　号：ISBN 978-7-5217-2725-8
定　　价：49.00元

目录

译者序　胡缠 *001*

前言 *003*

第 1 章　合谋的沉默 *009*

公开的秘密 *009*

不看，不听，不说 *012*

恐惧和尴尬 *015*

重重的沉默之声 *019*

第 2 章　否认的规则 *045*

关注和文化习俗 *046*

学着去忽视 *049*

“无关紧要”法则 *053*

禁忌 *056*

世故 *061*

第 3 章　否认的信条 *075*

注意力和权力 *077*

管自己的事儿 *083*

闭嘴 *084*

第 4 章　否认的社会结构 101

沉默的双层墙壁 101
否认在否认 107
旁观者和帮凶 110
沉默如癌细胞般分裂增长 114

第 5 章　打破沉默 125

从认知到承认 127
把大象暴露出来 130
盲目和失聪 135

第 6 章　有些事儿不说更好 149

留面子 150
别添乱子 153

第 7 章　拿大象不好办 163

鸵鸟和大象 173

译者序

胡缠

英语谚语“房间里的大象”并不为中国读者所熟悉，其中大象指某种巨大而无可回避的真相，而房间里的大象，则具有尽管无法回避，但人们又可以和它相安无事共处的意味。以此为书名，是因为作者注意到，在私人生活和公共生活中，人们对于某些“不方便谈论”的事实，会集体保持沉默的现象（在本书中将此种现象称作合谋性沉默）。这是一本从社会学和心理学角度观察和剖析这种集体沉默行为的著作，这也是一本为人们如何打破沉默提供可能的帮助之书。像作者自己描述的那样，《房间里的大象》是在尝试着“打破沉默谈沉默”。作者伊维塔 · 泽鲁巴维尔在当代西方社会学领域享有声望，作为出生在以色列的犹太裔学者，其个人经历也让他格外关注二战期间纳粹和犹太人之间，以及战后犹太人和阿拉伯人之间，那些惨痛却无法回避的历程对人们私下和公共生活所带来的巨大影响，特别是由此引发的合谋性沉默。从此出发，他对于各种日常生活中的沉默行为开始探究，引用作者本人的评价，本书是第一部“系统地对此（合谋沉默现象）进行初步讨论的一个尝试”。

纯粹出于好奇，我统计了“沉默”一词在正文中出现的次数，答案是246次。作为一本薄薄的小书，这是一个让即使作为翻译者的我都感到很吃惊的数字。正是由于作者对人们日常生活中无声的那部分持续关注和不断提醒，读者得以逐步深入到一个我们自己身处其间，但却未曾注意（作者提醒我们，很多时候是刻意回避）的潜在世界。在那里，生活着另一群我们，彼此默契，不发一言，我们被沉默所压制、恐吓和羞辱；同时，我们也是沉默的合谋者，在压制、恐吓和羞辱着别人。我们的沉默于是成为一种力量，这力量来自彼此合作，但其意义却在于彼此阻隔。人们各自为政，但异口同声，集体参与了一场沉默大合唱，而指挥台上，往往空空如也……沉默的合谋成为了有生命的东西，自发地生长和运转，而这，正是合谋性沉默的诡异之处。

我们所在的文化中，这样的现象也贯穿古今，俯拾皆是。在汉语中有大量对沉默性合谋的形象描述，比如“心照不宣”“揣着明白装糊涂”；比如“视而不见”“掩耳盗铃”；再比如“顾左右而言他”“非礼勿言”和“自欺欺人”。其温和形式，我们称之为“得体”和“有城府”，其最严厉形式，大约是“道路以目”。这些都是中国人的语境中，对此现象的观察和记录。

《房间里的大象》还分析了人们对于打破沉默者所怀有的复杂心理和对应的社会行为。作者对揭示真相者和告密者这两种身份的区别辨析在先，对人们将这两者不加区别的憎恶解读在后。这一部分的比照，对于现时的中国读者来说，相信也是相当有趣，且意味深长的。

本书的最后三个章节，作者也尝试着对于如何打破沉默提出了自己的看法，这一点，我们同样也能在自己的汉语语境中找到共鸣，比如“打开天窗说亮话”，比如“宁鸣而死，不默而生”，又比如“不在沉默中爆发，就在沉默中灭亡”，等等。结尾处，作者说“具有讽刺意味的是，恰恰是我们为否认大象如影随形的存在所做出的共同努力，才使得这些大象成为庞然大物。一旦我们开始承认大象的存在，它们便神奇般地缩小。只有当我们不再商量好了去忽略这头所谓的大象，才能最终把它赶出房间”。这应该也正是这本社会学著作在它的学术价值之外，所具有的强烈现实意义吧。

本书得以顺利翻译完成，首先要感谢孙炼和许迪在翻译过程中，给予我无比巨大的帮助和鼓励。我还要特别感谢唐棣，你对译稿和英文原稿所进行的逐段逐句的比照和建议，让我感动，使我在书稿文字风格的推敲和修订上获益良多。一并感谢马里兰大学社会学博士候选人郭瑀，你对书稿做了通读审核，让没有社会学背景的我，感到莫大安慰。最后，无尽的感谢献给此书的编辑彭毅文，你从最初选定此书，选择我做译者，到译成初稿后，和我一起进行字句的斟酌，以及细节上的建议，包括文字上的润色，一直到这本书的最终出版，你的贡献都远超于我，让我惭愧、感动和敬佩。另外，此书虽薄，却并不好翻译，我又是个有文字洁癖的人，翻译得极慢，特别感谢你无尽的耐心和信任，希望这本书的翻译，能对得起我们花费的时间，和你对我的信任。

2010 年年尾 于北京

致诺姆，

为他有去看、去听、去说的勇气。

前言

本书的缘起，可以一直追溯到我小时候。我成长的家庭，每个房间都藏有某些不能谈及的“大象”[1]，我被这些“公开的秘密”所包围，人人心知肚明，却没人当面提起。在这方面还有另外一些对我影响重大的经历：我是在 1950 年代的特拉维夫长大的，在那里，大多数 1948 年[2]前留下的非犹太痕迹只是一些社区的阿拉伯地名了。多年后，我目睹了那里的人们在试图抗拒一种集体性的

---

1 房间里的大象（the elephant in the room）为英语谚语。大象被用来比拟某种巨大，因而不可能被忽视的真相。房间里的大象则表明，尽管人们无法否认该事实确凿地存在于我们的日常生活中，但是依然刻意回避，故作不知。——译者注

2 1948年5月14日，英国结束对巴勒斯坦的委任统治，同日，犹太复国主义者宣布成立以色列国，定都特拉维夫。次日（15日）凌晨，阿拉伯联盟国家的军队相继进入巴勒斯坦，巴勒斯坦战争正式开始。史称第一次中东战争。建国后的以色列推行扩张主义，100多万巴勒斯坦的阿拉伯人被赶出世代居住的家园，沦为难民。——译者注

强制噤声（其目的在于迫使他们对“大象”视而不见）的过程中，是如何饱受创痛的。这更进一步触发了我对“私下体验”与“公开承认”之间，那些充满张力的微妙差异的研究兴趣。

然而最终促使我动笔的，却是我在某博士教学项目中担任系主任时的一段特别经历。1998 年春天，我发现自己不得不去应对一系列令人不安的事件，这些事件已经威胁到了系里同事之间的人际关系乃至伦理立场。然而，因为恐惧和耻辱感这两种因素以不那么常见的方式掺杂在一起，所以尽管这些事件已经无人不知且流毒深广，但在公开场合，我的诸多同事却都选择避而不谈。这种境况，包括同事们对此境况的反应都令人忧虑，但同时也促发我对此事进行思考。我此前曾撰文从社会学角度写过“人们的觉察”过程，这之后则开始从社会学角度对“人们的忽视”过程越发地产生了兴趣。并且在此过程中我也越发地关注沉默对于个体和群体所具有的长期负面影响。

转年，我在系里举办的一个全国性学术会议上，做了一个关于“社会组织中的沉默和否认”的报告，这个报告可以算是我逐渐成型的想法的一个早期总结。我的报告引发了广泛讨论，可是与会的十多名我的同事中，只有两位同事在会后和我聊了聊。这件事恰好证实了我所要论证的：即人们对于打破沉默谈“沉默”一事，颇不情愿。三年之后，即2002年的11月份，我开始写这本书。

南希·瑞恩（Nancy Raine）在她的回忆录《沉默之后：强奸与自我回归的路途》（*After silence: Rape and My Journey Back*）中，描述了用文字写下沉默是一件多么困难的事情，这是因为，书写行为本身往往就会促使写作者去感受自己正书写的痛苦主题。事实确实如此，尽管这本书已经是我的第九本著作，但其他几本写起来都不曾这般困难。我曾终日埋头书写和反复改写那些引发我纷繁想法的句子，不能停歇。那是我有生以来第一次忽然懂得，为什么在希伯来文中，沉默和“无法动弹”——即瘫痪的词根是同一个。也正是这个原因，在书写沉默时有人和我对话，对我来说是一种宝贵的恩赐，所以，我特别要感谢以下诸位：Kathy Gerson, Debby Carr, Jenna Howard, Ruth Simpson, Ira Cohen, Allan Horwitz, Ethel Brooks, Miriam Bauer, Dan Ryan, Karen Cerulo, Ellen Idler, Carolyn Williams, 还有 Suzanne Zatkowsky，是你们使得我免于被令人痛苦的沉默席卷吞没。而 Yael Zerubavel, Ruth Simpson, Debby Carr, Tom DeGloma, Dan Ryan, Chris Nippert-Eng, Kathy Gerson, Jenna Howard 和 Arlie Hochschild, Lynn Chancer, Allan Horwitz, Samantha Spitzer, Kari Norgaard, Johanna Foster, and Wayne Brekhus，你们体贴耐心，不仅阅读了我最初的手稿，而且给出了大量有益的建议。此外，还有一些人和我一路讨论，使我的各种想法在写作过程中逐渐发展成型，令我获益良多，他们是我的孩子 Noga 和 Noam Zerubavel，还有 Kristen Purcell, Anat Helman, Kathryn Harrison, Carolyn Barber, Viviana Zelizer, Robin Wagner-Pacifici, Jan Lewis, Doug Mitchell, Frances Milliken, Ann Mische 和 Zali Gurevitch 等。我还要感谢我的编辑提默·巴列特（Tim Bartlett），是你帮助我把自己的那些想法最终用一种能为更多读者更容易接受的方式传达出来。同时也要感谢约翰·西蒙（John Simon）古根海姆纪念基金会（Guggenheim Memorial Foundation）提供的 2003 年研究经费，还有鲁特格尔大学的慷慨补贴，这笔钱使我能够告假一年，全力投入到这本书的写作中。还要感谢 Paula Cooper 对我的手稿所做的出色的编辑校对工作。

最后，特别感谢我的妻子，我的伴侣和终生的朋友雅尔·泽鲁巴维尔（Yael Zerubavel），在我写作此书漫长而艰苦的过程中，你一路陪伴。我把谢意献给你那溢于言表、有声胜无声的理解和支持。

于新泽西州，东布朗斯维克

2005 年 6 月

我们这一代人终将感到悔恨，不仅仅因为坏人的可憎言行，更因为好人的可怕沉默。

——马丁·路德·金（Martin Luther King Jr.）

《伯明翰狱中书信》（Letter From Birmingham Jail）

1963年4月16日

第 1 章

合谋的沉默

尽管我很清楚雷斯阿姨知道我被强奸的事儿，并且，当然——她也知道我很清楚是我妈妈把此事告诉她的——我们却绝口不提此事。我从不提这个话题，她也不。

——南希·瑞恩《沉默之后》

公开的秘密

有一个著名的流传于 14 世纪西班牙卡斯提地区的故事，讲述一个摩尔人的国王是如何被三名骗子愚弄，说服他相信他们在为他编织一件华丽的新装，该衣服的神奇之处就在于，如果一个人是私生子，那么他就看不到这件衣服。国王打发他的一名仆人去做监工，由于羞于承认自己看不到正在编织的华丽衣料，他向国王报道说：一切进展顺利。派出去的第二名仆人回来后再次确认了这个消息。国王于是决定亲自去看一看。由于担心一旦承认了自己什么都看不见，就会失去他的血统纯正性和王位，国王对看不见的衣料大加赞赏。他之后的皇家总管，显然也担心说实话会让自己名誉扫地，于是也对衣料大肆赞扬。当然，他这么做使得国王更加羞愧和尴尬。

当又一个谄媚的家伙，因为害怕承认自己什么都看不到而向国王撒谎后，国王骄傲地驱车来到市集，向众人展示这件想象中的新衣服。“尽管没有人看得见这件衣服，但是每个人都猜想他们的邻居一定是看得到的。所以如果他们说了实话，就会从此抬不起头来。”只有一个勇敢的人最终站出来，他对国王说“要么我就是瞎子，要么就是您什么都没穿”，随即“每个人都说了实话，直到国王和其他人都不再害怕，也说出自己所见”[1]。

5个世纪以后，这个调子明快的故事被安徒生重新改写，从此家喻户晓。安徒生基本上完整地保留了故事情节，只是做了一些微小改动。比如，他把看不见布料的人从私生子改为蠢人，并且把西方文学中的揭发者原型从一个有意挑衅的非洲人改写为一个天真的孩子。和该故事的原作者唐·胡安·曼努（Don Juan Manuel）一样，安徒生也被故事中所具有的那种内在张力所吸引，即他在文中所生动描述的，私下每个人所见和公开场合每个人所承认的这两者之间的张力。“这太华丽了！美！真是棒极了！”大家异口同声，但没有一双眼睛看到任何东西[(2)]。正是这种鲜明的内心与外在表现的不一致，以及所感知的和所表达的不一致，使得“皇帝的新衣”成为了一个迷人的故事。

这个故事彰显了一个有意思的社会现象，通常被我们称之为“合谋的沉默”，即一群人形成默契心照不宣，在公开场合有意忽略某种他们私下全都清楚的事实，例如战争前美国南方奴隶主与黑奴之间的性关系，或者今日美国校园中普遍存在的，半文盲的运动员学生现象，等等[(3)]。这些实际上人尽皆知，但却几乎从不公开谈论的，不能说不能提的东西是一种“公开的秘密”，引用保罗·克鲁格曼（Paul Krugman）的话来说，是“隐藏在众目睽睽之下的，令人不安的真相”[(4)]。

这种“沉默的目击”的鲜明特点，是每一个同谋者都对该人尽皆知的秘密有所认识，但同时又都不愿意公开讨论此事[5]。这样一种在明了与承认之间，在私下体察与公开表达之间的基本张力，使得“皇帝的新衣”为社会生活做出了引人深思的注解。

不看，不听，不说

为了更好地理解一个人是如何能够意识到，但是同时（至少公开地）又意识不到某些事物的存在，有必要援引“否认”这一概念进来[6]。这里借用弗洛伊德所使用过的这个词，该词本来是被严格用于个体内在现象的，但我要把这个词向外拓展，因为我更关心社会学而不是心理学意义上的否认[7]。

我们可以看到，否认既可以是个体努力的结果，也可能经由群体的努力形成。在凯瑟琳·哈里森（Kathry Harrison）的回忆录《罪之吻》（*The Kiss*）中，她试图通过“选择性的自我麻木”来压抑自己和父亲的关系中增长的性意味。这么做使得她“对某些事清醒，对某些事麻木”，她应用的否认机制明显是心理学意义上的。但当她男友显然因为对她描述的这些事情感到不安，而秘密协助她忘掉这些时，我们实际上是在目睹一场合谋下的共同忽视[8]。心理学家们试图解释人的内在力量如何阻止特定的信息进入个人意识，我的目标在这里是审视人与人之间的力量是如何阻止这些信息进入公开话语的。

通常我们会把麻木作为一种象征，即当我们表达否认时，一般总包含有类似于封闭感官的意思在里面。如同传统的暗喻“盲区”以及“顾左右而言他”或“视而不见”，这些说法仿佛在指出，我们倾向于把不在视野之内和不在意识之内画等号。所以当我们把否认和失明相关联，也没什么可吃惊的。(一名乱伦关系的受害者描述她的家庭无视她的处境时，她说“在我爸爸的房子里，所有人都是瞎子”[(9)]。) 事实上，俄狄浦斯正是由于意识到他自己否认现实的程度之深，才毁了自己的双目。我们也会使用“充耳不闻”的说法，以及有时候我们会把耳朵堵住，仿佛如此就可以阻挡特定的信息进入我们的意识，这些也都是我们用封闭感官来阻止意识的例子。

同时，我们用有形手段阻断获得信息的途径，也同样反映出我们是如何用该方式避免把信息传递给他人。比如“管住你的舌头”的形象化表达，以及在说出某些不该说的话时，人们会捂嘴的习俗都似乎在表明，拒绝承认我们对某些事物有所感知的最简单方式，就是保持沉默。的确，最公开的否认，其形式就是沉默。

合谋沉默预设双方都将否认，这至少需要两个人一起合作，以避免对某事的供认。这方面最恰当的例子，当属美国军方对于同性恋话题采取“不能问，不许说”的策略。“至少得两人，才能共舞一曲同谋的探戈——一个不说，另一个也不问。”I.F. 斯通如是说[10]。确实，这样的合谋通常是以“三不猴”的形象出现的——它们不看，不听，不说。

著名的日本传统图像“三不猴”[11]完美地体现了盲、聋和哑之间的象征关系。事实上，三只猴总是一起出现，看起来正是在指向社会体系的组成，比如家庭组织和社区，并可以此自然形成的结构来研究合谋沉默。关注“否认”的独特社会结构，实际上也可凸显社会关系的不同特点（比如他们等级关系的差异程度）以及社会处境（比如他们公开的程度）是如何影响实际合谋的可能性的。正如伊丽莎白·毛瑞森和弗朗西斯·米立肯所注意到的：“设想有一个组织，其总裁没穿衣服。这一事实对于所有人都是显而易见的。但是雇员们都缄默不语。在重门深锁的掩护下，他们会窃窃私语，讨论他们头儿没穿衣服的事实。但是只有傻瓜和幼稚的人才敢于公开谈论它[12]。”简言之，作为最典型的在公开场合否认的表达形式，合谋沉默有其明显的社会化模式。

恐惧和尴尬

根据许多心理学家的说法，否认源于我们逃避痛苦的需要。当意识到某种令人难过的事情在威胁我们的心理健康时，我们通常会启动内在的防洪闸，以阻挡令人不快的消息进入我们的意识。这一点在电影《父女情》（*Music Box*）中有着细腻的表达，我们看到忠诚的女儿是如何百般努力，为战争中犯下了残忍罪行的父亲推卸罪责的。

作为一种否认的形式，沉默肯定有助于我们避免痛苦。事实上，某样东西被视为“太可怕以至于言语无法形容”时，确实通常也是无法如实用语言描述的。这解释了为什么深重的沉默总与暴行相伴。“我们不讨论这些事，因为他们太可怕了[13]。”举例来说，很多大屠杀后的幸存者，就拒绝和他们的孩子谈论自己遭受过的可怕经历，以避免谈及而引发的巨大痛苦。于是，在那些“不堪回首”岁月中故去的祖父以及手足同胞就此长眠，湮灭于沉默之中[14]。

纳粹集中营中的一些生还者，把他们所度过的那段恐怖岁月泛称为“战争年代”[15]。因此去识别这样一种委婉的说法，并且通过特别关注被他们视之为不堪提及的过去是什么，也许有助于揭开这种合谋的沉默。当然，通过仔细审视这些遁词，我们也约略可以看到，创痛仅仅是制造沉默的诸多因素之一。事实上，大多数我们会用遁词形容的合谋式沉默，主要是由两个原因造成的，它们是恐惧和尴尬[16]。

当面对一个可怖的情形时，我们通常会求助于否认。事实上，纳粹对犹太人大屠杀的早期报道，就曾被很多在欧洲的犹太人视为彻底的谎言而嗤之以鼻[17]。正因为如此，可怕的消息通常就成为了实际上不能讨论的消息[18]。生活在一个警察国家的人们会越来越不愿意和他人谈论身边发生的惨事，其中一个令人心寒的例子，就是曾有无数旁观者对纳粹公然执行的“最终解决方案”（Final Solution）[1]保持沉默[19]。恐惧是人们大量使用遁词的重要原因之一。比如人们在提到绝症的时候避而不谈（只说“等这件事过去之后”），提到死者也如是（会说“过世”“不在了”）。这方面的例子还包括笼罩着可怕核战争的、死一般的沉默[20]。

性，由于通常会被认为具有一定程度的威胁性，因此同样被视为不能提及的主题。一位前神学院学生描述到，在他的生活中只要涉及天主教牧师性生活的话题，

1　指二战末期纳粹高层对关押在集中营中的犹太人以及各国战俘进行屠杀，以销毁证据和罪行。——译者注

都会有种令人压抑的沉默气氛（遑论这种性生活形式往往是同性恋），他说：

> 学校教导我们要贞洁时，会对我们警告、诱导、威胁和讽刺，但从不对我们具体描述。我们对被严令禁止的这件事本身反倒一无所知。这种关于性爱的令人别扭的沉默，在有人被开除的时候最为突出。当某人因为不贞行为被学校开除时，几乎听不到有关这方面的解释。这些学生就这样消失了。唱诗班留下的空缺被填满，房间和宿舍的床被打扫一新，然后其他人搬进来……（性这种事儿）太可怕，太丑陋，让人不安，还是不要讨论为好[(21)]。

与性有关的沉默，常见的还有那些被遮掩的私生子身份、少女怀孕和不忠等[(22)]，这种沉默也与耻辱感有关，这同样能解释二战大屠杀时人们为什么保持沉默。（举例来说，正因为如此，在1950年代，德国家庭中的孩子通常都避免追问自己的父亲“战争”年代在做什么，而学校讲德国历史，也往往停留在俾斯麦的普鲁士时代[(23)]。）

比耻辱感来得要温和一些的尴尬，也常会导致沉默[24]。比如让一群学者对他们中一位人缘很好但业绩平平的同仁作出评价时；或当牧师发现自己教区发生家庭暴力事件时；又或者当同事们看到年迈的医师丧失了他们的临床诊断力时[25]。生活中还有一些真相被遮掩也是出于尴尬：比如涉及自杀、心理疾病或家庭成员酗酒——当一个孩子“和妈妈弟弟一起回家时，发现爸爸人事不省地躺在客厅，家具凌乱，杯盘在身边碎了一地……大家一起默默地打扫，没人说一句话……第二天一早也是一样[26]”。与此类似的还有，以色列官方对其在独立战争期间摧毁阿拉伯的村落一事保持缄默，在报道爱尔兰裔美国人经济援助爱尔兰恐怖主义在英国的活动，以及美国参议员罗伯特·伯德（Robert Byrd）为前三K党成员的身份上，美国媒体也都相当吝啬笔墨。此外，西方知识分子对1930年代斯大林时期的恐怖集体噤声（同样还有阿拉伯知识分子对1990年伊拉克对科威特的野蛮占领的沉默），而非洲领导人明显不情愿公开承认总统罗伯特·穆加贝（Robert Mugabe）在津巴布韦并不光彩的人权记录[27]。

不消说，把由痛楚、恐惧、羞耻和尴尬所导致的合谋沉默区别开来，纯粹是为了方便分析起见。毕竟，如我们所见，以纳粹大屠杀中人们的沉默为例，就是融合了痛苦、恐惧和耻辱的产物。而恐惧和尴尬的组合也会产生沉默，比如当某平庸无能的同事恰好是老板的儿子时。

重重的沉默之声

语言学家和其他研究人类交流体系的学者多次指出，沉默，实际上和讲话类似，“是我们交流体系的一部分”。这是一种明确积极的表现。它包含的“既不是无言，也不仅仅是无声”，它填满了“我们讲话过程中所有的停顿和语言的空隙”[(28)]。确实，正像保罗·西蒙（Paul Simon）在他那首有名的歌中唱的那样，沉默是一种明白无误的声音，也好比我们在传统意义上会用“厚重的”“振聋发聩的”“沉重的”或者“回荡着的”这些词儿来形容沉默，这似乎也暗示着沉默比话语更有力量。一名二战大屠杀后幸存者的女儿，多年来一直要求她母亲讲一讲被纳粹所杀害的亲人的情况，最后收到的却是母亲寄给她的四张几乎空白的纸张[(29)]。

确实，沉默往往就包含了无言的对话。“她不肯说的那些，究竟是什么呢？”另一位大屠杀幸存者的女儿对妈妈的沉默百思不解[(30)]。在电影《等待弥赛亚》（*Waiting for the Messiah*）中，当儿子询问父亲如何解决家里经济困难的时候，爸爸回答说：“不要告诉妈妈，这就是我们能做的。”

在莱奥尼德·安德列夫（Leonid Andreyev）的短篇小说《沉默》（*Silence*）中，他把安静，“即仅仅是没有噪音”，和沉默做了对比，“这意味着那些保持沉默的人，如果他们愿意的话，是本来可以说些什么的[31]”。保持沉默因此包含的绝非不做什么，因为我们其实是在积极地避免提及那些让我们沉默以对的事情。举例来说，那种在自由派言论中小心翼翼地避免明确地贴种族标签的做法，正是在刻意地压制我们对种族的意识[32]。具有讽刺意义的是，这种刻意回避有可能导致完全相反的结果。（正如平·克劳斯贝 [Bing Crosby] 在电影《乡下姑娘》[*The Country Girl*] 接近结尾处，突然意识到他的妻子和自己最好的朋友已经有多么亲近的时候，讽刺地说：“比两个人互相深情凝望更清楚地表明他们关系的，是这两个人避免这么做。”）

和沉默一样，否认含有积极回避的意味。与其说仅仅是简单地没能关注某件事，不如说这里面就包括了刻意地去努力回避关注这件事[33]。进一步说，某些事物足以引起人们的关注，但是人们却拒绝承认其存在。因此，这是在提醒我们合谋的沉默并不是围绕着那些大多为我们所忽视了的事物，与此相反，它恰恰是围绕着那些明显之极的事物，我们只是对其进行了有意的回避而已[34]。

这就是为什么大象这个意象，被越来越多地用于比喻此种合谋。比如，针对2000年美国总统竞选中集体否认的行为，有这样一段辛辣的描述：新闻媒体当然只字不提，但是却有一只大象在把这个舒适房间的氧气耗尽：

> 近期在这里，踌躇满志的副总统迪克·切尼（Dick Cheney）和乔·利伯曼（Joe Lieberman）正在进行着一场让人哈欠连天、字斟句酌的辩论……这头大象不是别人，正是玛丽·切尼（Mary Cheney）的“化身”，这位切尼副总统的女儿，她曾经大方地公开自己的同性恋倾向，但是最近，却不仅仅在道德论域中，甚至连实际生活中都从人们视线中消失掉了。这头幽灵般的大象就坐在两位候选人中间，不停地卷起和甩开它庞大的象鼻子，直到这个重要的问题被大象吼叫出来为止：“参议员，来聊聊性取向。”但是这两位候选人，还有那位极有派头儿的主持人，CNN的伯纳德·萧（Bernard Shaw）以及全国的新闻界，全都假装她不存在[35]。

这方面同样引人思考的，是一本帮助酗酒者子女的手册，书名就是恰如其分的《客厅里的大象》（*An Elephant in the Living Room*）。它把家庭中的酗酒问题形容为一头巨大的、无处不在的大象，然而家庭成员对此却集体否认：

> 想象一下，在一个普通的客厅——椅子、沙发、咖啡桌，一台电视机，然后，在房间中央，一头巨大的、灰色的大象……再想象下住在这个房子里的人们：一个小孩，跟妈妈爸爸，也许还有兄弟姐妹。这么一大家子人一天中多次路过客厅，然后这个孩子就会看到，家里人是怎样非常……小心地……绕过……那头……巨大的大象。每个人都得躲着不时挥动的象鼻子和庞大的象腿。因为人人都不提有大象这码事，这个孩子就知道看来这件事是不该说的。于是她就绝口不提，对谁也不说[36]。

正是由于大象的巨型身躯过于明显，无法忽视，因此它也成就了很多笑话，比如“你怎么知道冰箱里是否有一头大象？哦，看看黄油上的脚印就知道了”，还有一个场景来自电影《江湖女》（*Billy Rose's Jumbo*），剧中吉米·杜兰特企图把大象藏起来但被当场抓获，当有人问到那头大象的时候，他（徒劳地）回答："哪有什么大象？"正是大象之巨，使得无论是企图把它藏进冰箱，还是藏到无人知道的地方都显得悲惨而滑稽。

和故事里皇帝光着的身子一样，谚语中的"房间里的大象"对每个人来说也是显而易见的，只要人们愿意，哪怕只睁一只眼看一下。因此，如果有人没看到，那只能是有意为之的结果，不然，是不可能注意不到的。事实上，忽视大象即忽视真相。

于是，"房间里的大象"对于任何一种人们私下心知肚明、但公开场合拒不承认的话题和事物都具有相关的比喻义。因此，这个谚语已经成为一个常用的文化表达方式，用来形容与合谋性沉默相关联的"人尽皆知的秘密"。

针对总统 G.W. 布什的财政顾问所描绘的所谓乐观的经济图景，美国国会预算委员会的一个委员嘲讽地说："他们全都无视房间里的大象，无视尽管总统先生说的是要让国家回到收支平衡的道路上来，而事实是，他（小布什）是近年来第一个在接任总统职位时，国家就已经不仅仅是收支平衡，而且是收支有盈余……"[37]同样的，为了说明斯大林时期笼罩着暴行的沉默，马丁·艾米斯（Martin Amis）使用了"大象——是一头在克里姆林宫的客厅里吼叫着、打着呼噜、不停放屁的庞然巨物”[38]，这一形象也被用来嘲弄那些否认枪支与暴力之间有任何关联的人。与之类似，1998 年总统比尔·克林顿在和莫妮卡·莱温斯基的丑闻案爆发后不到一周时间，就能行若无事地发表国情咨文（更不要说，在 1999 年弹劾案审判期间他的表现了），一些被克林顿此种超凡的本领震撼到的政论家，也援引大象这一形象来形容他的所作所为：

> 房间里有头大象，但是演讲台上的那个男人对此只字不提。于是对于白宫性丑闻的指控就像一个不请自来的厚皮怪兽，一屁股坐在议事大厅。屋里无人不知，但是克林顿总统本人却无意谈论它。在 72 分钟的发言中，克林顿从社会福利保障谈到互联网，但没有一个词儿是关于莫妮卡·莱温斯基的。

> 摄像机、电视里不会出现大象，总统肯定更不会谈大象。但是有关克林顿总统被弹劾的这头大象，却在总统先生周二国情咨文的讲话中时刻在场。

> 正是由于把弹劾案和发表演说的时间分开安排，

才导致了这头“巨大而无可否认的大象被放进了房间，尽管人们假装视而不见”[39]。

★★★

可以预见，我们在社会生活中所竭力避免的，通常也正是我们在学术领域内不会给予太多关注的[40]，合谋性沉默也因此仍然是一个理论不完善、研究不充分的现象。此外，由于这些现象的典型特征是关于没发生的事，因此可以想见，观察起来就相当困难。毕竟研究人们讨论了什么，要比研究没讨论什么容易得多（不消说，这里还有一个判断难题，即究竟是仅仅不谈论某事，还是刻意避免谈论该事）[41]。

尽管有这些困难，但仍然有一些对合谋性沉默的尝试性研究工作。迄今为止，这些研究毫无例外，都把焦点放到了一些容易被我们所共同回避的特定问题上，比如种族问题、同性恋问题、核毁灭和纳粹大屠杀问题等。但是超越这些具体话题，从而把合谋当作一个整体现象来进行审视和研究的努力还很少[42]。令人遗憾的是，那些研究家庭隐私的学者和研究国家秘密的学者之间缺少对话，而那些女性主义者在写到有关沉默的著作时，则通常会忽视它的无性别视角。这当然会阻碍我们注意到，在夫妻之间、组织之中甚至一国之内，人们共同努力否认他们生活中存在的大象时，其方式上具有令人震惊的相似性。去辨识这些相似性，则需要我们忽视合谋性沉默的具体内容，转而把注意力放在他们那些方式的特性上来。

当我们从家庭层面上观察到，人们会否认家庭成员有酗酒问题，然后再从国家层面观察到，人们会拒绝承认他们领导人明显无能时，那些合谋的形式上的特性就显现出来了[43]。为了要把超越具体社会情境的总体模式标识出来，我不会对具体的合谋性沉默做任何深度的案例研究。相反，倒是会汲取广阔真实背景下的大量生动例子。事实上，我选取论据的范围越广泛，我对集体性否认的形成机制和结构的观察就越有概括性。因此，我在贯穿全书的写作中，会游走在大量不同背景中，从中选取材料，以突出合谋性沉默所独有的一般性特征。只有特意忽略掉那些看起来不相干的集体性否认事例中的表面差异，我们才能发现他们之间结构上的相似性。经济学家第默尔·库兰（Timur Kuran）曾说过，“一本致力于分析通行社会进程的书，必须要在不同的背景下都能证实它的理论。而对于那些因为地理位置不同，而暂时不予考量的具体文化事件，必须要能够做到把这些先前视作不相关的事实联系到一起，并把它们纳入到共有的形式中去”[44]。

我首先从审视各种各样的社会规范、习俗和人们关注以及交流的传统入手，观察人们把哪些视为值得关注的和可以讨论的，又有哪些是被视作无关紧要的和可以忽视的。其中，我特别审视了那些约定俗成的，禁止人们去看、去听和去说的习俗，无论是不可越雷池一步的绝对禁区，还是一些相对更微妙的、世故城府更深的处世准则。不过，在我们和他人讨论交流中，哪些不能进入我们的意识，又有哪些不能公开承认其存在，这不仅仅受迫于社会规范和习俗的压力，也有来自政治领域的限制。毕竟，权力本身就含有控制人们可介入哪些信息领域的能力，以及他们想要传递哪些信息的能力。由此，也就促成了不同形式的、强制性的“盲、聋、哑”的存在。所以，我去审视控制他人可关注领域的各种形式，从正式的内容审查制度，到不那么正式的、转移注意力的手腕都在我关注之列。另外，我还关注了控制人们表达领域的各种手段，从正式的议程议题设置安排，到不那么正式的所谓“沉默守则”。

我还试着标示出合谋性沉默合作性的特质，记录下每一个合谋者的行为，看他是如何与其他合谋者的行为互为补充的。并且我观察那些使得他们的合谋更有效的各种因素，以展示导致沉默的压力，是如何在共谋者人数增加和时间增长的合力下渐成气候，还有就是展示从什么时候开始连否认这种行为本身也被否认了的。

当然，房间里有大象存在这一事实，并不总是被所有人一致认为应该予以否认。人们通常也会在公开场合的表达中试图打破合谋性沉默，将事实公之于众。我关注各种打破沉默的方式，从各种委婉的幽默讽刺，到直白的、当面大声疾呼的大规模行动。我也关注公众对那些打破沉默者的反应，其中特别关注那些身份对立的角色（大众先驱和离经叛道的人），以解释由他们所引发的、公众对他们对比鲜明的反应，即对前者仰慕，对后者憎恶。打破沉默者通常被憎恶，这凸显了忽视“大象”所具有的诸般好处。毕竟在社会生活中，某些事情是被预设为不说为妙的，而打破笼罩着这些事情的沉默气氛，也就等于是捣乱和破坏了生活平衡的行为。挑战传统观念中什么才是应该被关注的，以及哪些可以与他人公开讨论，这样的行为也会动摇某些保证社会一致性的根基。而假装不去关注某些特定的事情，则有助于我们保住他人脸面，去除此种伪装则会使与他们的交流相当尴尬。

然而由于合谋性沉默会引发严重问题，因此有必要去检省其对社会生活的负面效应。考虑到在注意什么和不注意什么这一点上，我们和周围的人几乎不可避免会有不同意见，合谋性沉默通常会使得我们彼此更加缺少信任。而且，合谋性沉默加大了我们的真实体验与我们公开承认的事物之间的差距，也会导致道德崩坏。

政治理论家C.弗莱德·奥尔福德（C. Fred Alford）认为，“最有效瓦解道德行为准则的方式，就是不讨论，而且不讨论这种不讨论”。“不谈伦理话题，”他用开玩笑的方式建议说，“而且不谈我不谈伦理话题这件事[(45)]。”作为有道德感的人类，我们不能够持续不讨论“无法讨论的”。要打破这种恶性的、否认的死循环，则需开展一场对这种不可讨论现象的公开讨论。本书是系统地对此进行初步讨论的一个尝试。

原文注：

(1) Don Juan Manuel, "What Happened to the King and the Tricksters Who Made Cloth," in John E. Keller and L. Clark Keating (trans.), *The Book of Count Lucanor and Patronio* (Lexington: University Press of Kentucky, 1977 [1335]), 130–133.

(2) Hans Christian Andersen, "The Emperor's New Clothes," in *The Complete Fairy Tales and Stories* (Garden City, NY: Doubleday, 1974 [1836]), 79.

(3) 参见 Jan E. Lewis and Peter S. Onuf (eds.), *Sally Hemings and Thomas Jefferson: History, Memory, and Civic Culture* (Charlottesville: University Press of Virginia, 1999); Tom Farrey, "Defining Bravery in College Sports," October , 2003, http://espn.go.com/ncaa/s/2003/1006/1632030.html#pop3.

(4) Michael Taussig, *Defacement: Public Secrecy and the Labor of the Negative* (Stanford: Stanford University Press, 1999), 50–51; Paul Krugman, "Gotta Have Faith," *New York Times*, December 17, 2002, A35. 参见 Chris Argyris, "Skilled Incompetence," *Harvard Business Review*, September–October 1986, 76; Kathleen D. Ryan and Daniel K. Oestreich, *Driving Fear Out of the Office: How To Overcome the Invisible Barriers to Quality, Productivity, and*

Innovation (San Francisco: Jossey-Bass, 1991), 30, 185–197; Dan Bar-On, *The Indescribable and the Undiscussable: Reconstructing Human Discourse after Trauma* (Budapest: Central European University Press,1999), 155–215; Helen Fremont, *After Long Silence: A Memoir* (New York: Delta Books, 1999), 8, 31; Mark Jordan, *The Silence of Sodom: Homosexuality in Modern Catholicism* (Chicago: University of Chicago Press, 2000), 86; Elizabeth W. Morrison and Frances J. Milliken, "Organizational Silence: A Barrier to Change and Development in a Pluralistic World," *Academy of Management Review 25* (2000), 706; *Stanley Cohen, States of Denial: Knowing about Atrocities and Suffering* (Cambridge: Polity, 2001), 148, 258; Ruth Wajnryb, *The Silence: How Tragedy Shapes Talk* (Crows Nest, Australia: Allen & Unwin, 2001), 33–36, 51, 85, 93, 96, 106–122,187, 207, 249.

(5) 关于私下认知与公开谈论，参见 Timur Kuran, *Private Truths, Public Lies: The Social Consequences of Preference Falsification* (Cambridge, MA: Harvard University Press, 1995), 157. On "silent witnessing," 参见 Cohen, *States of Denial*, 75.

(6) 参见 Philip Vellacott, *Sophocles and Oedipus: A Study*

of Oedipus Tyrannus with a New Translation (Ann Arbor: University of Michigan Press, 1971), 224–225; Léon Wurmser, "Blinding the Eye of the Mind: Denial, Impulsive Action, and Split Identity," in E. L. Edelstein et al. (eds.),*Denial: A Clarification of Concepts and Research* (New York: Plenum, 1989), 180; John Steiner, "The Retreat from Truth to Omnipotence in Sophocles' Oedipus at Colonus," *International Review of Psycho-Analysis* 17 (1990), 233; John Steiner, *Psychic Retreats: Pathological Organisations in Psychotic, Neurotic, and Borderline Patients* (London: Routledge, 1993), 129; Cohen, *States of Denial*, 21–50.

(7) Eviatar Zerubavel, "The Elephant in the Room: Notes on the Social Organization of Denial," presented at the "Toward a Sociology of Culture and Cognition" conference, Rutgers University, November 1999; Eviatar Zerubavel, "The Elephant in the Room: Notes on the Social Organization of Denial," in Karen A. Cerulo (ed.), *Culture in Mind: Toward a Sociology of Culture and Cognition* (New York: Routledge, 2002), 21–27. 参见 Everett C. Hughes, "Good People and Dirty Work," in *The Sociological Eye: Selected Papers* (Chicago:

Aldine, 1971 [1962]), 91; Daniel Goleman, *Vital Lies, Simple Truths: The Psychology of Self-Deception* (New York: Touchstone Books, 1986), 226–227; Morrison and Milliken, "Organizational Silence," 708, 714–716; Thomas D. Beamish, "Accumulating Trouble: Complex Organization, A Culture of Silence, and A Secret Spill," *Social Problems* 47 (2000), 485–486; Cohen, *States of Denial*, x; Craig C. Pinder and Karen P. Harlos, "Employee Silence: Quiescence and Acquiescence as Responses to Perceived Injustice," *Research in Personnel and Human Resources Management* 20 (2001), 331–369; Thomas D. Beamish, *Silent Spill: The Organization of an Industrial Crisis* (Cambridge, MA: MIT Press, 2002), 66–70; Eric Klinenberg, *Heat Wave: A Social Autopsy of Disaster in Chicago* (Chicago: University of Chicago Press, 2002), 36; Donald Cozzens, *Sacred Silence: Denial and the Crisis in the Church* (Collegeville, MN: The Liturgical Press, 2002), 24, 41; Kari M. Norgaard, "Denial, Privilege and Global Environmental Justice: The Case of Climate Change," presented at the annual meeting of the American Sociological Association, Atlanta,

2003; Kari M. Norgaard, "People Want To Protect Themselves A Little Bit: Emotions, Denial and Social Movement Non-Participation—The Case of Global Climate Change," presented at the annual meeting of the American Sociological Association, Atlanta, 2003.

(8) Kathryn Harrison, *The Kiss* (New York: Avon Books, 1997), 74, 137.

(9) Sylvia Fraser, *My Father's House: A Memoir of Incest and of Healing* (New York: Perennial Library, 1989 [1987]), 21.

(10) I. F. Stone, "It Pays To Be Ignorant," *New York Review of Books*, August 9, 1973, 8.

(11) 关于日本三不猴的缘起，参见 Rudolph Brasch, *How Did It Begin? Customs and Superstitions and Their Romantic Origins* (Croydon, Australia: Longmans, Green & Co., 1965), 167–168; Wolfgang Mieder, "The Proverbial Three Wise Monkeys," *Midwestern Journal of Language and Folklore 7* (1981), 8–9; Wolfgang Mieder, *Tradition and Innovation in Folk Literature* (Hanover, NH: University Press of New England, 1987), 161.

(12) Morrison and Milliken, "Organizational Silence," 706.

(13) Derrick Jensen, *A Language Older Than Words* (New York: Context Books, 2000), 4. 参见 Nancy V. Raine, *After Silence: Rape and My Journey Back* (New York: Crown, 1998), 120; Judith L. Herman, *Trauma and Recovery* (New York: BasicBooks, 1992), 1.

(14) Nadine Fresco, "Remembering the Unknown," *International Review of Psycho-Analysis* 11 (1984), 418; Wajnryb, The Silence.

(15) 参见 Arlene Stein, "Trauma Stories, Identity Work, and the Politics of Recognition," in Judith M. Gerson and Diane L. Wolf (eds.), *De-ghettoizing the Holocaust: Collective Memory, Identity, and Trauma* (Durham, NC: Duke University Press, forthcoming).

(16) 参见 John Gross, "Intimations of Mortality," in D. J. Enright (ed.), *Fair of Speech: The Uses of Euphemism* (Oxford: Oxford University Press, 1985), 203–219; Keith Allan and Kate Burridge, *Euphemism and Dysphemism: Language Used as Shield and Weapon* (New York: Oxford University Press,1991), 78–115; 153–167, 172–191.

(17) Walter Laqueur, *The Terrible Secret: Suppression of the Truth about Hitler's "Final Solution"* (Boston: Little, Brown & Co., 1980), 142.

(18) Bar-On, *The Indescribable and the Undiscussable*, 155;

Michael Billig, *Freudian Repression: Conversation Creating the Unconscious* (Cambridge: Cambridge University Press, 1999), 52; Frances J. Milliken et al., "An Exploratory Study of Employee Silence: Issues that Employees Don't Communicate Upward and Why," *Journal of Management Studies* 40 (2003), 1453–1476.

(19) Laqueur, *The Terrible Secret*, 123–151; Raul Hilberg, *Perpetrators, Victims, Bystanders:* The Jewish Catastrophe 1933–1945 (New York: HarperCollins, 1992), 195; Cohen, *States of Denial*, 148.

(20) Louise Pound, "American Euphemisms for Dying, Death, and Burial," *American Speech* 11 (1936), 195–202; Jana Staton et al., *A Few Months to Live: Different Paths to Life's End* (Washington, DC: Georgetown University Press, 2001), 38–39, 54; Robert J. Lifton, "Imagining the Real," in Robert J. Lifton and Richard Falk (eds.), *Indefensible Weapons: The Political and Psychological Case against Nuclearism* (New York: Basic Books, 1982), 3–125; David S. Greenwald and Steven J. Zeitlin, *No Reason To Talk about It: Families Confront the Nuclear Taboo* (New York: W. W. Norton, 1987); Robert J.

Lifton and Greg Mitchell, *Hiroshima in America: Fifty Years of Denial* (New York: G. P. Putnam's Sons, 1995). 参见 Barney G. Glaser and Anselm L. Strauss, *Awareness of Dying* (Chicago: University of Chicago Press, 1965); Jay Katz, *The Silent World of Doctor and Patient* (New York: Free Press, 1984), 213–215.

(21) Jordan, *The Silence of Sodom*, 165. 参见 Michel Foucault, *The History of Sexuality* (New York: Pantheon, 1978 [1976]), vol. 1, 3–5, 17; Kathryn Harrison, *Thicker than Water* (New York: Random House, 1991), 106; Elizabeth Stuart, *Chosen: Gay Catholic Priests Tell Their Stories* (London: Geoffrey Chapman, 1993), 44; Cozzens, *Sacred Silence*, 125–131.

(22) Lily Pincus and Christopher Dare, *Secrets in the Family* (New York: Pantheon Books, 1978), 10–11.

(23) Dan Bar-On, *Legacy of Silence: Encounters with Children of the Third Reich* (Cambridge, MA: Harvard University Press, 1989), 328. 参见 33, 168, 193, 243, 249, 254, 262, 273; Goleman, *Vital Lies, Simple Truths*, 227–228; Susan Griffin, *A Chorus of Stones: The Private Life of War* (New York: Doubleday, 1992), 166; Ernestine Schlant, *The Language of Silence: West German Literature and the Holocaust* (New

York: Routledge, 1999); Vamik D. Volkan et al., *The Third Reich in the Unconscious: Transgenerational Transmission and Its Consequences* (New York: Brunner-Routledge, 2002), 150–151.

(24) 关于尴尬的经典社会学分析，参见 Erving Goffman, "Embarrassment and Social Organization," *American Journal of Sociology* 62 (1956), 264–274.

(25) Nancy Nason-Clark, "Has the Silence Been Shattered or Does a Holy Hush Still Prevail?: Defining Violence against Women within Christian Churches," in Anson Shupe et al. (eds.), *Bad Pastors: Clergy Misconduct in Modern America*, (New York: New York University Press, 2000), 69–89; Atul Gawande, *Complications: A Surgeon's Notes on an Imperfect Science* (New York: Picador, 2002), 88–106.

(26) Marion H. Typpo and Jill M. Hastings, *An Elephant in the Living Room: A Leader's Guide for Helping Children of Alcoholics* (Center City, MN: Hazelden, 1984), 15. 参见 i–ii, 69, 83, 113; Stephanie Brown, *Treating Adult Children of Alcoholics: A Developmental Perspective* (New York: John Wiley, 1988),9, 27, 35, 72, 171.

(27) Yitzhak Laor, "We Write You, Homeland," in *Narratives with No Natives: Essays on Israeli*

Literature (Tel Aviv: Hotzaat Hakibbutz Hameuchad, 1995), 121, 163; Nicholas D. Kristof, "Are the Saudis the Enemy?" *New York Times*, October 22, 2002, A31; Kanan Makiya, *Cruelty and Silence: War, Tyranny, Uprising, and the Arab World* (New York: W. W. Norton, 1993); Rachel L. Swarns, "Mugabe' s Aides Declare Him Winner of Zimbabwe Vote," *New York Times*, March 14, 2002, A3. 参见 Martin Amis, *Koba the Dread: Laughter and the Twenty Million* (New York: Hyperion, 2002), 170.

(28) Adam Jaworski, *The Power of Silence: Social and Pragmatic Perspectives* (Newbury Park, CA: Sage, 1993), xii; Bernard P. Dauenhauer, *Silence: The Phenomenon and Its Ontological Significance* (Bloomington: Indiana University Press, 1980), 4; Wajnryb, *The Silence*, 25. 参见 William J. Samarin, "Language of Silence," *Practical Anthropology* 12 (1965), 115; Deborah Tannen and Muriel Saville-Troike (eds.), *Perspectives on Silence* (Norwood, NJ: Ablex, 1985); Jaworski, *The Power of Silence*, 81–82; King-Kok Cheung, *Articulate Silences: Hisaye Yamamoto, Maxine Hong Kingston, Joy Kogawa* (Ithaca, NY: Cornell University Press, 1993), 1; Peter Tiersma, "The Language of Silence," *Rutgers Law Review* 48 (1995), 1–99; Frederick B.

Bird, *The Muted Conscience: Moral Silence and the Practice of Ethics in Business* (Westport, CT: Quorum Books, 1996), 34–48; Pinder and Harlos, "Employee Silence," 334; Linn Van Dyne et al., "Conceptualizing Employee Silence and Employee Voice as Multidimensional Constructs," *Journal of Management Studies* 40 (2003), 1365.

(29) Wajnryb, *The Silence*, 165. 参见 75, 143; Bar-On, *The Indescribable and the Undiscussable*, 165.

(30) Wajnryb, The Silence, 31. 参见 Dag Hammarskjöld, *Markings* (New York: Alfred A. Knopf, 1964 [1963]), 78; Harrison, *Thicker than Water*, 244.

(31) Leonid N. Andreyev, "Silence," in *The Little Angel and Other Stories* (Freeport, NY: Books for Libraries Press, 1971 [1910]), 130. 参见 131–132, 140, 142, 144; Stephen Kern, *The Culture of Time and Space* 1880–1918 (Cambridge, MA: Harvard University Press, 1983), 170.

(32) Mica Pollock, *Colormute: Race Talk Dilemmas in an American School* (Princeton, NJ: Princeton University Press, 2004), 73, 79–82, 175, 184, 188, 193, 203–206, 217, 237.

(33) Taussig, *Defacement*, 50; Herbert Fingarette, *Self-Deception* (London: Routledge & Kegan Paul,

1969), 47–48, 66. 参见 Shlomo Breznitz (ed.), *The Denial of Stress* (New York: International Universities Press, 1983), 100; Jamie L. Mullaney, "Like A Virgin: Temptation, Resistance, and the Construction of Identities Based on 'Not Doings,'" *Qualitative Sociology* 24 (2001), 10–13; Jamie L. Mullaney, *Everyone Is NOT Doing It: Abstinence and Personal Identity* (Chicago: University of Chicago Press, 2005), 3–7.

(34) 参见 Wlodzimierz Sobkowiak, "Silence and Markedness Theory," in Adam Jaworski (ed.), *Silence: Interdisciplinary Perspectives* (Berlin and New York: Mouton de Gruyter, 1997), 39–61; Cozzens, *Sacred Silence*, 11–12.

(35) Chuck 45, "An Elephant in their Midst," October 9, 2000, www.thegully.com/essays/gaymundo/001009elephant.html.

(36) Typpo and Hastings, *An Elephant in the Living Room*, i.

(37) Congressman John Spratt, featured on National Public Radio's *All Things Considered*, August 13, 2002.

(38) Amis, *Koba the Dread*, 251. 参见 170.

(39) Bill Adair and Katherine Gazella, "It Lasted 72 Minutes Without a Mention," St. Petersburg Times, January 28, 1998, 8A; David Bauder, "For

TV Networks, Big Coverage Day," Associated Press Online, January 19, 1999; Jennifer Harper, "Media Highlights Surreal Day with Trial, State of the Union," Washington Times, January 19, 1999, A11 [emphasis added]. 参见 Joan Ryan, "Guns in Society: The Real Problem," San Francisco Chronicle, August 22, 1999, 1, Z1.

(40) 参见 Norman L. Farberow, "Introduction," in *Taboo Topics* (New York: Atheling Books, 1966 [1963]), 2; Gordon W. Allport, "Foreword," In Norman L. Farberow (ed.), *Taboo Topics* (New York: Atheling Books, 1966 [1963]), v–vii; Wayne Brekhus, "A Sociology of the Unmarked: Redirecting Our Focus," *Sociological Theory* 16 (1998), 36.

(41) 参见 Mullaney, *Everyone Is NOT Doing It*, 3–7, 25–29.

(42) 参见 Pollock, *Colormute*; Jordan, *The Silence of Sodom;* Greenwald and Zeitlin, *No Reason To Talk about It*; Wajnryb, *The Silence.*

(43) 参见 Eviatar Zerubavel, "Generally Speaking: The Logic and Mechanics of Social Pattern Analysis," presented at the annual meeting of the American Sociological Association, San Francisco, August 2004.

(44) Kuran, *Private Truths, Public Lies*, xi.

(45) C. Fred Alford, *Whistleblowers: Broken Lives and Organizational Power* (Ithaca, NY: Cornell University Press, 2001), 21.

第2章

否认的规则

她第一次看到一名见习修女晕倒在教堂里，而没有一个修女或其他见习修女哪怕瞟一眼那个匍匐在地的白色物体……环绕四周的姐妹们仿若冷漠的恶魔，对于处于痛苦之中的昏迷者无动于衷，就好像在她们面前的地毯上并没有蜷伏着一个面色苍白的人一样。然后她意识到她看到的并非无情，而只是抽离和超脱的表现……后来当她训练自己去掌握这种对于姐妹受苦却视而不见的优雅的仁慈时，才知道其实并没有人真能达到彻底超然的冰冷的顶峰，大家只是假装如此罢了。

——凯瑟琳·修姆（Kathryn Hulme）

《修女的故事》（*The Nun's Story*）

在我们开始探究合谋性沉默的结构和动态之前，有必要看一看我们的认知和行为能力，这些能力使得我们得以参与到合谋性沉默中来。审视看、听、说所存在的社会基础，有助于我们对否认的社会组织结构有个初步认识。

关注和文化习俗

我们都清楚，何者为我们注意的，何者为我们忽视的，这一词语意义上的界限，实际上是由我们感官的生理局限所决定的。例如，我们的视觉就受限于我们的“视野”。因此，我们视野之外的事物将不会进入我们的意识。同样的生理局限也决定了我们能听到和闻到的范围。

然而我们如何把一个我们注意到的特定“图景”从其背景中抓取出来（那些背景实际上是被忽略的），仅部分由我们的天性决定。比如，我们并没有天生一个过滤路，能够将音乐会上的音乐和其他很多背景声（像沉闷的咳嗽，挪椅子的声音）分开。同样，陪审团成员能把一些证据而不是另一些证据视为不具有法律效力时，靠的也不是什么天然的本性。

我们集中注意力的方式通常各不相同，而这种差异几乎与我们的生理结构无关。鹰与龟视力不同，蜘蛛和瞪羚听力迥异，但游客和本地人关注点的不同，则并非因为他们各自的感官能力有什么巨大差异。

此种与生理无关的、建立在社会基础上的对事物的关注方式，可以在不同社会群体的关注习惯中得到证明。再有，与拉丁裔女孩相比[1]，黑人女孩更容易和她们的母亲谈及性话题，说明我们的交流习惯也是如此。因此，有些职业严格限定其成员可以关注的事物范畴，而其他一些行业则训练他们关注每一样东西。一个鲜明的例子，就是你可以比较一下对注意力严格限定的实验室研究员（被训练要在无视各种背景情况下，严格掌控各种变量）、外科医生以及探员和调查记者（他们是被训练要各处寻找证据）。

随着历史的进程，关注与忽视的内容在社会结构方面也发生着变化。仅仅几十年前，抽烟还被视为一种“背景”活动，跟信手涂鸦以及喝杯咖啡似的，没人予以特别关注[2]。同样道理，就在两代人之前，美国中产阶级还把肤色和社会地位关联起来，但是现在这个联系已经被丢弃了。因此，随着社会态度的调整，我们的焦点也会随之而变。

此外，传统意义上被忽略的某些学科知识，会因此忽然成为了学界的前沿热门话题。像弗洛伊德“口误理论”[1]，这个名字本身就表明了，如果不是一百多年前出版的《日常生活的精神病理学》（*The psychopathology of Everyday Life*），这个话题将不会成为学术命题。同样的例子还有爱德华·霍尔（Edward Hall）1966 年出版的著作《隐藏的维度》（*The Hidden Dimension*），只是在此书之后，才开始有人系统化地关注我们和别人交流时，围绕在我们身边的“个人空间”泡泡[2](3)。

回顾历史，也能看到我们的道德标准一直在变，比如女性衣着暴露到何种程度会引起道德的非议；又比如，每年都有无数因饥饿而死的非洲饥民，关心他们的美国人数的增减情况，等等，从这些数字和程度的变化中都可以看出端倪。现在法律实际的保护权利已经延伸到同性婚姻和未出生胎儿，而就在几十年前，他们的法律地位还未被大多数人承认(4)。

我们认为不能探讨的那部分当然也一直在变化中。

1　由弗洛伊德发现和最早提出的理论。该理论认为，口误并非偶然，而是人们潜意识的产物，借由研究口误，可以探究人们内心深处的真实想法。——译者注

2　在霍尔的理论中，用围绕在人们周围的肥皂泡，来形象化表现个人与他人保持距离的空间。——译者注

正如同艾丽斯·米尔斯（Alice Mills）和杰里米·史密斯（Jeremy Smith）在他们合著的《寂静无声——说出不能说的》（*Utter Silence: Voicing the Unspeakable*）这本书中提到所谓的“斯塔尔报告”[1]时写道：“肯·斯塔尔的问题是，到了20世纪末，精液已经成为了人人可说的语言。而在那个世纪初始阶段，除了男科医生，这个词是不能提的。但是在20世纪末，人们已经可以自由地和儿童说起这个话题了。对于斯塔尔的读者来说，说到精液，并无打破禁忌之感[(5)]。”

学着去忽视

“我们注意的”和“我们忽视的”之间的界限划分并非自来如此，也不纯粹是个人化的[(6)]。之所以说不是个人行为，是因为这些行为是由来自特定社群组织的成员，遵从特定的关注和交流的社会习俗进行的。

事实上，我们投射注意力的方式，通常是高度非个人化的，符合社会传统习俗的关注方式。所以当我们关注或忽视某物时，我们通常是按照我们所属社群的成员

1　独立检察官斯塔尔就调查美国前总统克林顿和莱温斯基性丑闻所作出的报告。国会议院于1998年9月11日投票，结果以压倒性多数决定将此报告当日即公布于互联网。——译者注

共有的方式来操作的[7]。举例来说，作为一个 21 世纪的美国房贷经纪人，就应该对不同种族和宗教信仰的客户一视同仁。同样，是特定的社会习俗让我们去关注女人的胸部，而忽视她们的耳朵，以及特定的社会传统会让我们对战时妇女、儿童和平民伤亡的关注超过其他人，并且会影响我们会把何种问题视为社会问题的看法[8]。

在“皇帝的新衣”的故事中，第一个说出国王没穿衣服的是一个孩子，这一点很难被称之为巧合，因为社会习俗告诉我们不要去关注不该关注的事物，而孩子正是还未曾学会该社会习俗的人[9]。我们通常会将获得这种按照社会或者社团中约定俗成的关注方式，作为自己社会化（或社团化）的一部分[10]。我们就是在这个过程中，学着去忽视的。比如，我们在筛选工作申请材料时，应该有意不去关注申请人婚姻状况；或者在毕业考试打分中，也应把自己对某些学生的好恶忽略不计。这种社会化（或社团化）的过程通常比较隐晦，但也有明显的例子，比如美国军中关于同性恋爱的规矩就是“不能问，不许说”。仅仅通过观察别人所回避之事，我们就可以知道对这些事要采取同样的回避措施。一个小女孩只需要听她妈妈花一分钟讲述她们在城里共同度过的一天，就不声不响地学会了什么是应该关注的，什么是无关紧要的。看到身边从没人对她提到爸爸酗酒的事儿，她也就知道，这件事是不该被关注的[11]。

不用说，一个人最开始选择某个特定职业的原因，尽管看起来是因为该职业与他个人的关注方式相关，然而像实验研究员和调查报道者之间截然相对的关注习惯，则多半仍是他们这两种职业在对从业者关注方式上截然相对的要求所导致的。同理，如果是用整体治疗法看病的医生，他们与传统的耳、鼻、喉科大夫相比较而言，会更可能就耳朵的问题去询问病人肩颈方面的状况，这并非由于他们个人对此格外好奇，而是因为这是他们的职业要求，即应把人体当作一个不可分割的整体来对待。

从业者的关注方式在很大程度上受其专业的独特传统所影响，这一点在科学领域体现得最为显明。毕竟，科学家们关注什么，会被他们特定的认知取向导致的特定观察方式所左右。而这种认知取向，则是由科学家们经由其专业社会化过程（professional socialization）而获得的[12]。例如，只有经过了本专业领域社会化过程洗礼的社会学家，才能获得“社会学角度的想象力”，并得以“看到”权力框架、劳工市场、影响力网络（influence network），以及分层体系。也正是因为有同样的经验，我自己才得以发展出我独特的社会学的敏感力，去关注群体的、规范的和传统角度的人们的认知力[13]。同样的，如你所料那样，正是由于放射科和心脏科的医生所经历的专业社会化过程，使得他们能够通过听诊器和X光射线，发现其他人很可能会忽视掉的身体警报信号。

我在研究生时代曾受邀加入了社会学家罗伯特·F.贝尔斯（Robert F. Bales）一个关于团体动态（group dynamics）的研讨班，在他的社会心理学实验室，我和他的学生一起观察一个规模不大的小组中人们之间的互动。后来，在我们互相比照观察笔记的时候，我发现大多数同学记录的都是组群中人们的权力动态，我则主要关注的是人们在空间距离上的各种安排（spatial arrangements）以及行为策略。我和其他同学的这种差异与我们之间不同的个人感受力关系并不大，区别主要体现在，我当时还师从另一位社会学家俄尔文·高夫曼（Erving Goffman），且深受他对社群互动研究方法的影响，而高夫曼先生的方法与贝尔斯先生的方法迥然不同，观察结果的差异由此而生。

在专业社会化过程中，科学家们得以在自己的研究方案中控制那些虽然有可能重要，却仍然因为整体要求而弃之不用的变量。事实上，在任何学科领域内，从业者们在一定程度上是通过各自在研究中有意选择忽视不同的变量，而彼此形成区别的。通过控制这些变量，科学家们把他们从可能的数据转换为可以虚化处置的背景。比如，当一名犯罪学专家决定审视罪犯的民族和他们需假释所花时间的关系时，就有可能会有步骤地忽略掉罪犯的年龄和婚姻状况，更不要说罪行了。他也会把犯人的阅读习惯、餐桌礼仪和胆固醇含量视为无关紧要的变量。

“无关紧要”法则

看和听（感知）到某事物和实际上注意到（即把注意力投向）该事物之间，还是有很大区别的。这是因为我们通过感官体验的东西并不总能引起我们的关注[(14)]。举例来说，当我们和某人进行交谈时，几乎很少会注意到对方衬衫纽扣的颜色，尽管那些纽扣我们是可以看得很清楚的。同理，在商务会谈中，我们也不大关注谁在做记录。在大规模家庭聚餐和郊游时，我们很多人都对身边跑来跑去的小朋友熟视无睹，我们同样会忽视门卫和管家的存在（这确实使得他们和小孩一起，并列候选最佳间谍）[(15)]。此外，婴儿在场的时候，父母做爱也并不罕见。

然而，忽视某事物并不是简单地不去关注它。其实，这种忽视倒常常是某种积极压力的结果。这种压力通常由社会传统关注模式所导致。该模式会在我们视之为背景“噪音”和值得关注的事物之间划出界限。

我们设想一下女性和她的妇科医生之间的交流，其中有一个特别设计的，用来消除非医疗气氛的“关注模式”[16]。一个对该情形做过研究的观察者敏锐地指出：“在医学领域，骨盆区和身体其他部位一样，其性意味被弃之一旁……医生希望病人明白他们目光所及，全是为医疗目的所进行的观察。所以他们对于病人的身体并没有做审美意义上的关注[17]。”这样的模式是以默认规则体现的，用来规范此种情况下人们该如何投注自己的注意力。例如病人按照预期应该眼睛往上看，看天花板或者房间里的其他人，不要闭眼，眼神不能迷离或者“出神”。她们还应该避免在进行检查的时候盯着医生的眼睛，因为此时直视对方，具有挑逗意味[18]。

正是基于相似的关注模式，我们得以在社交情境中，从心理上划分出我们认为重要的和我们认为无足轻重的人。比如上文描述的孩童、门卫，尽管他们现身其间，我们却习惯性地视而不见[19]。事实上，我们希望他们“最大限度地维持自己不在场的假象”，也因此，大约只有当这些人去挑战他们在认知上的被边缘化地位时，他们才能够真正被我们意识到——比如下棋时，旁观的人主动给下棋的人支招，又或者出租车司机忽然参与到乘客间的谈话中来[20]。此外，我们通常不觉得马、小孩，或者我们自己的兄弟姐妹有性魅力，一定程度上也是与这种关注模式有关。正如伍迪·艾伦的电影《性爱宝典》(*Everything You Always Wanted to Know about Sex*)里，金·王尔德（Gene Wilder）和母山羊黛西那令人难忘又可笑的片段所描述的那样，如果你恋爱对象的所属类别与传统性爱模式毫不沾边的话，你很可能会被看成是一个变态色情狂[21]。

对于判定何为“无关紧要”的事物，人们有一套默认的社会准则，从该准则中，我们能够非常清晰地看到“关注”和“忽视”的心理活动所依据的规范是什么。毕竟划定“相关”与“无关”的行为本身，就是一种由具体社会成员所进行的一种社会心理活动（sociomental act）。在社会化的过程中，这些成员把注意力投注在社会情境中的某些特定方面，同时会成体系、有步骤地忽视另外一些方面。

某事是否值得关注需依据“无关紧要”法则。为了更好地理解后者对前者的影响程度，我们可以观察在大多数社会情境中，事实上总有一个符合社会期待的，为我们界定哪些应予以关注，哪些应予以忽视的心理框架存在（心理治疗和第一次约会除外——因为在这两种情况中，你会觉得巨细靡遗，没有什么不值得关注）[22]。比如，正是这样一种由社会习俗构成的心理框架，让我们在拳击和网球比赛中把体重和性别分别视为重要因素，但在扑克牌和印度骰子棋中，我们则会完全忽视这两点[23]。这也能解释我们为什么在教堂时要比在地铁里，更容易注意到大嚼口香糖的人。

判定相关性的社会基准在官僚体系中尤其明显。公职人员只会把注意力放在岗位有明文规定的方面，而把所有非公务以外的人际关系视为不相关，并因此而公事公办，不予考虑[24]。此社会基准在现代法律中也屡见不鲜，具体表现在陪审团成员会被正式指出和反复提醒，只能把注意力放在经严格限定的、与本案有关的部分。因此，在强奸隐私法保护下，受害人之前的性经历将被视作与案件无关，故原则上不得提及。同理，在非法证据排除规则保护下，非法手段取得的证据，纵使铁证如山，也不会被采纳。如果该证据竟被带到法庭，则法官会要求将此记录抹去，并明令陪审团对该证据不予考虑。

禁忌

按照社会期待，我们应该忽略的事物经常是清晰地、严格地以禁止“去看、去听和去说”的禁忌形式表达出来。此形式的本质是“将我们的知识维持在一个低水平”（事实上，最早在《圣经》中出现的禁令，就是不能吃传说中结在智慧之树上的果实）[25]，这种禁令被用来限制人们处理信息的方式。那些挑战这些限制，甚至仅仅是忽视这种限制的人，都被视为异端，并成为多种社会制裁的针对目标 (26)。

禁忌的本质特征，是对回避行为的特别强调。禁忌通常是以对听和看的明确禁止形式来彰显这一特质的。因此，以澳洲的土著人为例，凡俗人等绝对不允许看到或者听到有关祭品的一切。“尸体……有时会被抬到看不见的地方，脸也被遮挡，根本看不清……宗教仪式中表达死亡的哀歌，也绝对不可以让女人听到 (27)。”对于那些因为过分好奇，而选择忽视或挑衅社会关注规范的人，他们的命运在《圣经》和希腊神话中都有记载：比如罗得（Lot）的妻子和俄耳甫斯（Orpheus）[1]，他们因为打破禁看的律条所受到的致命天谴，正是社会对此种人下场的经典描述。

然而，人们所耳熟能详的三不猴的形象，则在适时地提醒我们，严格的禁听和禁看，常常是与禁说相辅相成、配套出现的。因此，举例来说，在很多不同场合的仪式中都须保持沉默，而且“就算需要讲话，也要压低嗓音，以口型示意” (28)。此外，还有些事务是不宜讨论

1 据《圣经·创世记》十九章，耶和华要焚毁罪恶之城索多玛，毁城之前，天使将罗得一家带出该城，并叮嘱他们在逃命的路上不得回头看。罗得的妻子不听劝诫，回头望向索多玛的方向，即刻化为盐柱。俄耳甫斯（Orpheus），也译作奥菲斯，希腊神话中的游吟诗人，太阳和音乐之神阿波罗之子，为救被毒蛇咬中而死的亡妻，赴冥府请求冥王怜悯，获准带离亡妻离开，条件是一路上无论妻子怎样抱怨，也不得回头看她。在即将到达人间之前，俄耳甫斯没忍住回头看了一眼，因此功亏一篑。——译者注

的，有些时候，甚至必须做到只字不提。

再看看在电影中，如《城市王子》(*Prince of the City*)、《密西西比在燃烧》(*Mississippi Burning*)、《炎热的夏夜》(*In the Heat of the Night*)、《义海雄风》(*A Few Good Men*)、《黑岩喋血记》(*Bad Day at Black Rock*)，还有《冲突》(*Serpico*)，都对严禁把社会组织中的“家丑”曝露于众的禁忌，作了让人记忆犹新的生动描述。在这方面特别值得注意的，是不成文的“沉默守则”(codes of silence)。比如传统的西西里帮规 omerta，就是禁止黑手党帮众出卖其他成员的规范；或者是臭名昭著的“蓝色沉默墙”(blue wall of silence)[1]，只不过具有讽刺意味的是，那是用来防止警察们举报自己腐化同僚的规范。更不用说人们为了加入秘密帮会，或者地下运动组织时候所立的保密誓约了。与之类似的还有“沉默文化”(cultures of silence)[2]。此种文化的存在，就在于防止石油工人举报漏油；避免兄弟会成员在面临强奸指控时，做出对盟友不利的证词；它还能促使烟草公司的高管们压制吸烟对健康具有无可争议危险的研究；防止哗众取宠的作者，比如英美媚俗的八卦媒体，去公布英王爱德华

1　也写作The Blue Code of Silence（蓝色沉默法则）。指美国警察们之间不成文的约定，缔结彼此包庇的攻守同盟。——译者注

2　即一种共谋性沉默的文化规范。——译者注

八世在1936年退位的消息，或是总统约翰·肯尼迪那不检点的私生活[29]。

要确保人们在谈话中远离“禁区”[30]，一个行之有效的方式是使得该被禁谈的话题无从命名。比如天主教的传教士们，会很小心地避免直接提到“鸡奸”之名（此为“无名之罪”）[31]。这就像如果你对某事避而不谈，那么终将导致此事无以名状。如同乔治·奥威尔的小说《1984》所描写的那个著名的反乌托邦世界中，“人们实际上是不可能追随一个异端思想的，因为人们最多只能感知到这是一个异端的想法，再想做进一步的描述和感知时，则会发现无词可用[32]”。实际上，对于使用各种与性有关的字眼（“脏话”）的社会禁忌，其背后的假设是，有可能借助清洁语言来消除某些特定的想法。如米歇尔·福柯所说：

> 要在现实中使其臣服，则需先在言语层面上使其（性）臣服，控制人们对它的自由谈论，把它从说的话中清除掉，然后再彻底消灭那些过于形象化的表达。而且就连这些禁令本身，好像都害怕直呼其名。现在的假道学们甚至不用读出这个词，而仅仅通过……噤声，即什么也不说，和强加的沉默，

就确保了人们不再谈论性(33)。

使用遁词，即委婉说法，（如“洗手间”指代厕所，或“三字经”指代脏话）是一种较为温和的、言语表达上的回避形式。它使得说话人得以谈论禁忌话题，同时又避免直接提及它们。比如，通过使用“医学实验”的说法，人们可以隐晦地暗示，某人在奥斯维辛集中营做纳粹医生时犯下的令人发指的罪行，而不用说得过于直白(34)。同理，通过使用相当无害的品牌名“丹碧丝”[1]，商家得以谈及一个高度禁忌的话题，即月经，但同时达到了并未直接讨论该话题的效果。这让我想起一个故事，一个天真的小男孩，在看了电视广告后，想在生日那天要一个广告里看到的，神奇的几乎无所不能的东西作为礼物（有了它，你就能游泳，打保龄球、滑雪、骑马、打网球了）。遁词确实可以说是“语言的除味剂”，因其建立了“沉默省略法则”(code of silent omissions)，其功效就等同于“预先洗澡，不必再用除汗剂”(35)。当然，这一点是预设人们事先明白，遁词只是为具体话题所提供的保护伞，而不是直接就成为了要保护的对象本身。有这么一个笑话，讲的是某个

1 卫生棉条品牌，丹碧丝与英语中卫生棉条（tampon）发音接近。——译者注

男人整天被妻子唠叨，让他给儿子讲讲“鸟儿和蜜蜂”[1]的事。终于，他跟儿子开讲了：“还记得上礼拜天我们在公园树丛后看到的那位先生和女士吗？记得他们做什么了吗？嗯，要知道鸟儿和蜜蜂们啊，它们也是这么干的！”

世故

然而，还有很多在社会预期下，我们所应当忽视的事，是通过一种更温和的形式，即人情世故的方式表达出来的。尽管社会学家尚未注意到世故和禁忌之间的关联，但世故实为一种禁忌的较温和的版本，或是属于宗教戒律中的礼仪法则。世故的规则，通常是指导性的，教导人们如何才能举止得体（“这样人家可能会觉得你太粗鲁”），而不是较为直白的戒条（“这可是严格禁止的”）。因此也不奇怪，与禁忌这种由于恐惧而产生的合谋性沉默相比，世故，作为一种由于尴尬而导致的合谋性沉默，会让我们更容易理解其社会动力构成。

本质为回避性质的这种“消极礼貌”（negative politeness）[(36)]，要求人们对某些他人可能不想让你知道的

1 鸟儿和蜜蜂（the birds and bees）为英语俗语，用以委婉地指代基本性知识。——译者注

敏感信息非礼勿问。像三不猴中“不听猴”的形象，就代表着在谈话中要避免询问对方一些“敏感”问题的规矩，比如婚姻问题，流产，或自杀等[37]。这些规则通常以不要胡乱“打听”的礼仪形式出现。容我引用一段流行的“礼貌”规范：

> 假设在社交场合中，你打听到了你遇到的每个人的真实年龄，他们花了多少钱买的房子，假设每个身体有残疾的人都跟你交心，告诉你他们为什么走路一瘸一拐……假设所有的单身男女都向你解释他们至今未婚是什么原因……再假设所有成年人都向你陈述……为什么还没要孩子。假设刚刚打过招呼，你就立刻知道他们穿的每件衣服的新旧，在哪里买的，多少钱买的……人们什么时候才能不再抓住每一个机会来问这样的问题，回归到打听别人消息是不妥的，每个人都只需要谈他愿意谈论的话题环境中呢[38]？

从我们对“包打听”这种人的反应可以看到，不通人情世故通常会被视为一种社会偏差。事实上，在朋友和邻居之间，为了避免被对方认为是在多管闲事，他们甚至可以做到对那些可能暗示着家庭暴力的种种迹象（大声争吵，青紫外伤）都置之不理，并将其视为私人事务[39]。

不必说，人们忽视某人的口吃，浓重的口音，口臭或者忘拉的裤子拉链时，并不是他们没有注意到，而是出于礼貌。同样，在拥挤的饭馆中，我们对于很容易就能旁听到的对话，或者当对方用外文说话误以为我们听不懂时，我们都能做到充耳不闻，这也不是由于听觉器官出了问题。事实上，这些都是在展示符合社会预期的“礼貌性的忽视”（civil inattention）[40]。

除了不看不听的压力之外，还有一种强大的社会压力，让我们就算看到听到了，也不肯承认。我们不仅被限制去问那些可能引发尴尬的问题，我们也被要求，即使真的听到可能引发尴尬的问题答案时，也要假装没听到。即通过不承认我们看到和听到的，我们就可以得体地假装没注意到。

事实上，动词“注意”（to notice）和“评价”（to remark）在法语中是同一个词（remarquer）。这提醒我们“注意到某事”和“公开承认注意到某事”这两者之间，是多么紧密相关。与之相对照，在英语中，则需要用两个不同的词，用以强调这两个行为之间，在规范上还是有所区分的。这两者之间的区别，则恰好是人情世故的核心所在。

换句话说，保持得体往往意味着，要假装没有注意到那些“我们知道，但是很清楚我们不该知道”的事[41]。这样，一个人表现得体的时候，就是当他“忽略某事……然后保持缄默”之时[42]。正如当我们原谅某人，或者假装忘记他所做出但未兑现的承诺时，我们至少会在表面上把我们意识到的当成无关紧要的，由此也是可以忽视的，能做到这一点，即是世故[43]。

更明确地说，世故的意义，通常包含这样一层意思，即虽然我们实际上注意到了关于人们的某些令人尴尬的事情，但我们要确保他们意识不到这一点。我们通过做出一副“不经意”的样子，来试图传递给他们一个信号，即他们并非我们“特别好奇的目标”。比如下面这个看似是玩笑实则值得玩味的小故事，它对所谓的礼貌的绅士定义如下：某绅士误入女士洗澡间后，立刻对眼前站着的这位不着寸缕的女士道歉道：“对不起，先生，打扰了[44]。”因此，如他人不幸出丑，我们需要先“佯装漫不经心”，然后再“得体地假装什么也没看到”[45]。

可以想见，世故与禁忌之间的界限并不像看起来那么泾渭分明。由“政治正确”（political correctness）引发的沉默就是一例，当人们不使用种族标签，以避免被看作是种族主义者时，该界限就开始变得模糊不清了[46]。这种

“礼节性的压抑”（polite repression）[47]是缺少明确权力结构及高压政治元素的社会环境和情境下所特有的。可以想象，在具有明确权力结构的社会环境和情境中，人们被噤声的特定的形式将颇为不同。关于这部分的讨论，我们将在下一章中看到。

原文注：

(1) 参见 Jill M. Taylor et al., *Between Voice and Silence: Women and Girls, Race and Relationship* (Cambridge, MA: Harvard University Press, 1995), 99–106.

(2) 参见 Erving Goffman, *Behavior in Public Places: Notes on the Social Organization of Gatherings* (New York: Free Press, 1963), 43–53.

(3) 参见 Sigmund Freud, *The Psychopathology of Everyday Life* (New York: W. W. Norton, 1960 [1901], 53–105; Edward T. Hall, *The Hidden Dimension* (Garden City, NY: Doubleday, 1966), 113–164. 参见 Thomas S. Kuhn, *The Structure of Scientific Revolutions* (Chicago: University of Chicago Press,1962), 111, 122; Eviatar Zerubavel, *Social Mindscapes: An Invitation to Cognitive Sociology* (Cambridge, MA: Harvard University Press, 1997), 45–46; Ruth Simpson, "The Germ Culture," presented at the annual meeting of the American Sociological Association, Chicago, 2002.

(4) 参见 Christopher D. Stone, *Should Trees Have Standing?* (Los Altos, CA: William Kaufmann, 1974), 6–7.

(5) Alice Mills and Jeremy Smith, "Introduction," in *Utter Silence: Voicing the Unspeakable* (New York: Peter Lang, 2001), 1.

(6) 参见 Zerubavel, *Social Mindscapes*, 6–12.

(7) Ibid., 33–34, 46–48. 参见 Frederic C. Bartlett, *Remembering: A Study in Experimental and Social Psychology* (Cambridge: Cambridge University Press, 1932), 254–255; Ludwik Fleck, *Genesis and Development of a Scientific Fact* (Chicago: University of Chicago Press, 1981 [1935]) , 38–51, 98–111.

(8) 参见 Asia Friedman, "Sex Seen: The Socio-Optical Construction of Sexed Bodies," presented at the annual meeting of the American Sociological Association, San Francisco, August 2004; Zerubavel, *Social Mindscapes*, 39; Erich Goode and Nachman Ben-Yehuda, *Moral Panics: The Social Construction of Deviance* (Oxford: Blackwell, 1994).

(9) Eviatar Zerubavel, "Personal Information and Social Life," *Symbolic Interaction* 5, no. 1 (1982), 107. 参见 Herbert Fingarette, *Self-Deception* (London: Routledge & Kegan Paul, 1969), 44; Shoshana Felman and Dori Laub (eds.), *Testimony: Crises of Witnessing in Literature, Psychoanalysis, and History* (New York: Routledge, 1992), 83.

(10) Zerubavel, *Social Mindscapes*, 32–33, 46–51.

(11) Marion H. Typpo and Jill M. Hastings, *An Elephant in the Living Room: Leader's Guide for Helping Children of Alcoholics* (Center City, MN: Hazelden,

1984), i.

(12)Georg Simmel, "The Field of Sociology," in Kurt H. Wolff (ed.), *The Sociology of Georg Simmel* (New York: Free Press, 1950 [1917]), 7–8; Fleck, *Genesis and Development of A Scientific Fact*; Kuhn, *The Structure of Scientific Revolutions*, 126; Eviatar Zerubavel, *Patterns of Time in Hospital Life: A Sociological Perspective* (Chicago: University of Chicago Press, 1979), xvi–xviii; Eviatar Zerubavel, "If Simmel Were a Fieldworker: On Formal Sociological Theory and Analytical Field Research," *Symbolic Interaction* 3, no.2 (1980), 25–33.

(13) C. Wright Mills, *The Sociological Imagination* (London: Oxford University Press, 1959), 5–11; Zerubavel, *Social Mindscapes*, 1–22.

(14) Ernest G. Schachtel, *Metamorphosis: On the Development of Affect, Perception, Attention, and Memory* (New York: Basic Books, 1959), 251–278; Arien Mack and Irvin Rock, *Inattentional Blindness* (Cambridge, MA: MIT Press, 1998).

(15) John Hotchkiss, "Children and Conduct in a Ladino Community in Chiapas, Mexico," *American Anthropologist* 69 (1967), 711–718; Barbara Rogoff,

Apprenticeship in Thinking: Cognitive Development in Social Context (New York: Oxford University Press, 1990), 124–126.

(16) Zerubavel, *Social Mindscapes*, 50.

(17) Joan P. Emerson, "Behavior in Private Places: Sustaining Definitions of Reality in Gynecological Examinations," in Hans-Peter Dreitzel (ed.), *Recent Sociology No. 2: Patterns of Communicative Behavior* (London: Macmillan, 1970), 78（emphasis added）.

(18) Ibid., 83. 参见 86.

(19) Erving Goffman, *The Presentation of Self in Everyday Life* (Garden City, NY: Doubleday Anchor, 1959), 151–153; Erving Goffman, "Footing," in *Forms of Talk* (Philadelphia: University of Pennsylvania Press, 1981 [1979]), 131–137.

(20) Goffman, "Footing," 132. 参见 Erving Goffman, "Fun in Games," in *Encounters: Two Studies in the Sociology of Interaction* (Indianapolis: Bobbs-Merrill, 1961), 63–64; Erving Goffman, *Frame Analysis: An Essay on the Organization of Experience* (New York: Harper Colophon, 1974), 225.

(21) 参见 Murray S. Davis, *Smut: Erotic Reality / Obscene Ideology* (Chicago: University of Chicago Press, 1983), 134–139, 144–150, 157–159; Eviatar Zerubavel, *The Fine Line:*

Making Distinctions in Everyday Life (Chicago: University of Chicago Press, 1993 [1991]), 40–41, 44; Wayne Brekhus, "Social Marking and the Mental Coloring of Identity: Sexual Identity Construction and Maintenance in the United States," *Sociological Forum* 11 (1996), 497–522.

(22) Goffman, "Fun in Games," 19–26; Goffman, *Frame Analysis*, 201–246.

(23) 参见 Kristen Purcell, "In a League of Their Own: Mental Leveling and the Creation of Social Comparability in Sport," *Sociological Forum* 11 (1996), 435–256.

(24) Zygmunt Bauman, *Modernity and the Holocaust* (Ithaca, NY: Cornell University Press, 2000 [1989]), 100–101; Zerubavel, *The Fine Line*, 59.

(25) Alexander Mitscherlich and Margarete Mitscherlich, *The Inability to Mourn: Principles of Collective Behavior* (New York: Grove Press, 1975 [1967]), 91; Genesis 2:16–17.

(26) Zerubavel, *Social Mindscapes*, 32.

(27) Emile Durkheim, *The Elementary Forms of Religious Life* (New York: Free Press, 1995 [1912]), 308–309.

(28) Ibid., 309–310.

(29) Thomas D. Beamish, *Silent Spill: The Organization of an Industrial Crisis* (Cambridge, MA: MIT

Press, 2002), 66–70; Patricia Y. Martin and Robert A. Hummer, "Fraternities and Rape on Campus," *Gender and Society* 3 (1989), 463–464; Dominic Casciani, "How the Media Covered Up the Scandal," BBC *News* (World Edition), January 30, 2003, http://news.bbc.co.uk/2/hi/uk_news/2707571.stm; "Mrs. Simpson Had Secret Lover," CNN.com, January 30, 2003,www.cnn. com/2003/WORLD/europe/01/29/edward. files. 参见 David Caute, *The Espionage of the Saints: Two Essays on Silence and the State* (London: Hamish Hamilton, 1986), ix; Stanley Cohen, *States of Denial: Knowing about Atrocities and Suffering* (Cambridge: Polity, 2001), 66.

(30) Ruth Wajnryb, *The Silence: How Tragedy Shapes Talk* (Crows Nest, Australia: Allen & Unwin, 2001), 246.

(31) Mark Jordan, *The Silence of Sodom: Homosexuality in Modern Catholicism* (Chicago: University of Chicago Press, 2000), 16.

(32) George Orwell, *Nineteen Eighty-Four* (New York: New American Library, 1961 [1949]), 252.

(33) Michel Foucault, *The History of Sexuality* (New York: Pantheon, 1978 [1976]), vol. 1, 17. 参见 3–5.

(34) Robert J. Lifton, *The Nazi Doctors: Medical Killing*

and the Psychology of Genocide (New York: Basic Books, 1986), 445–446. 参见Robert J. Lifton, "Imagining the Real," in Robert J. Lifton and Richard Falk (eds.), *Indefensible Weapons: The Political and Psychological Case against Nuclearism* (New York: Basic Books, 1982), 107.

(35) Robert M. Adams, "Soft Soap and the Nitty-Gritty," in D. J. Enright (ed.), *Fair of Speech: The Uses of Euphemism* (Oxford: Oxford University Press, 1985), 48.

(36) Penelope Brown and Stephen C. Levinson, *Politeness: Some Universals in Language Use* (Cambridge: Cambridge University Press, 1987 [1978]), 70.

(37) 参见 Barney G. Glaser and Anselm L. Strauss, *Awareness of Dying* (Chicago: University of Chicago Press, 1965), 39, 67–68, 78; Judith Martin, *Miss Manners' Guide for the Turn of-the-Millennium* (New York: Fireside, 1990), 95–99.

(38) Martin, *Miss Manners' Guide for the Turn-of-the-Millennium*, 100. 参见 94–95, 106–113, 562–563; Erving Goffman, *The Presentation of Self in Everyday Life*, 229.

(39) Rachelle Germana, "Domestic Violence: A Cognitive Approach" (Rutgers University, Department of

Sociology, 2002).

(40) Goffman, *Behavior in Public Places*, 84–87. 参见 Goffman, *The Presentation of Self in Everyday Life*, 230; Goffman, "Fun in Games," 63.

(41) Lily Pincus and Christopher Dare, *Secrets in the Family* (New York: Pantheon Books, 1978), 145. 参见 Martin, *Miss Manners' Guide for the Turn-of-the-Millennium*, 147.

(42) Hans-Georg Gadamer, *Truth and Method* (New York: Crossroad, 1975 [1960]), 16–17.

(43) 参见 Barry Schwartz, "Vengeance and Forgiveness: The Uses of Beneficence in Social Control," *School Review* 86 (1978), 655–668; Charles L. Bosk, *Forgive and Remember: Managing Medical Failure* (Chicago: University of Chicago Press, 1979), 177–181; Frederick B. Bird, *The Muted Conscience: Moral Silence and the Practice of Ethics in Business* (Westport, CT: Quorum Books, 1996), 120–121; Eviatar Zerubavel, *Time Maps: Collective Memory and the Social Shape of the Past* (Chicago: University of Chicago Press, 2003), 93–95.

(44) Goffman, "Fun in Games," 56; Goffman, *Behavior in Public Places*, 84; François Truffaut, *Stolen Kisses*. 参见 Martin S. Weinberg, "Sexual Modesty, Social Meanings,

and the Nudist Camp," Social Problems 12 (1965), 311–318.

(45) Goffman, "Fun in Games," 55; Goffman, *The Presentation of Self in Everyday Life*, 231. 参见 Erving Goffman, "On Face Work: An Analysis of Ritual Elements in Social Interaction," in *Interaction Ritual: Essays on Face-to-Face Behavior* (Garden City, NY: Doubleday Anchor, 1967 [1955]), 18.

(46) Mica Pollock, *Colormute: Race Talk Dilemmas in an American School* (Princeton, NJ: Princeton University Press, 2004).

(47) Robin E. Sheriff, "Exposing Silence as Cultural Censorship: A Brazilian Case," *American Anthropologist* 102 (2000), 114–132.

第 3 章

否认的信条

> 压抑如一道……强制沉默的铁律……明白无误地表示，对此没什么好说，没什么好看，也没什么好知道的。
>
> ——福柯《性史》

注意力的规范构成暗示出，我们对于应该忽视什么具备一定程度的共识，但这种共识并非总是存在。像艺术家埃德加·德加（Edgar Degas）的《女人与菊花》（*A Woman with Chrysanthemums*）、路易吉·皮兰德娄（Luigi Pirandello）的《今晚我们即兴演出》(*Tonight We Improvise*)[1]、皮特·蒙特里安(Piet Mondrian)的《红黄蓝的菱形构成》(*Diamond Painting in Red, Yellow, and Blue*)以及约翰·凯奇(John Cage)的《4分33秒》(4'33")等作品，都曾试图挑战那种传统的、把艺术从其可视听的环境中剥离出来的心理框架，这种努力是自觉地对传统注意力安排方式的挑战[2]。比如，争论大学招生中，是否应该把族裔当作一个因素来考虑，其本质就是一场"是否相关"的论战。而情人间也会激烈地讨论，一方过去的性史另一方是否有权知道[3]。这些都在提醒我们，有些沉默人人接受，还有些沉默只被一些人认可，而另一些人则持有异议。

到目前为止，我们探讨了促成沉默性合谋的规范性压力，然而，迫使这种忽视产生的社会性压力，只有一部分源于规范。我们的注意力所在，以及可表达的范围，是由社会规范和政治所共同限制的，即我们的看、听、说同时受到规范和政治的压力影响。只有当我们审视促成合谋性沉默的政治条件时，我们才能理解，为什么是国王(而不是——比方说——某个随从)没穿衣服，才更加戏剧化地抓住了"皇帝的新衣"中，房间里的大象所包含的要义。

注意力和权力

在此方向上进行探讨的第一步，应该是观察权力在我们注意力和话语表达的社会组织中，所扮演的角色是什么。毕竟社会关系中通常都包含权力，沉默和否认也往往是权力分配不均的产物[4]。

我们能知道多少，部分取决于我们的权力大小。显然，获取机密（更不用说“最高机密”）和“非保密”的信息渠道，是由正式的规章制度按照人员保密资格的级别规定的，权力级别高低，与获取信息的级别相对应。

权力还使人们有能力控制传递给他们的信息数量。于是，如果某信息是非正式渠道传来的，那么一旦知情需要承担责任的话，就可以在今后佯装不知，推搪过去。例如，对于某些不法行为，毕竟假装不知道会方便得多，可以避免日后被追究知情不报的麻烦。因此，高官要员会对那些自己其实心知肚明的非法勾当，保持一种“完全而彻底的不知情”状态（其官方说法为“与此事无涉”），以逃避责任。约翰·米歇尔（John Mitchell）确实不会向理查德·尼克松提到任何有关水门事件的情况，就是为了使得尼克松像“被全身消过毒那样，一尘不染，毫不知情”，因此不会有任何法律上的麻烦[5]。

此外，权力也包括了更广大的可关注视野，例如，在等级分明的组织中，人们根据地位高低而关注级别不同的信息[6]。一名旅长应该比他的营长们关注的范围更广，而这些营长也要比他们的连长们有更宽广的视角。这就是为什么“9·11”事件中，在世贸大厦和五角大楼遭到袭击前，只有几名资深的美国联邦调查局的官员才能把该局在凤凰城以及明尼那波利斯办公室所提供的零散信息串联在一起。

无疑，连长们带队打仗时考虑的是战术而不是战略，是由于其职位要求所决定，而非缺乏个人好奇心。同理，我们也不会认为，在整个学校事务层面上，校长和一般教员了解和关心程度大不相同，是由他们个人的好奇心程度不同导致的。

比权力包含更大的可关注视野还重要的是，它还包含着控制他人可关注视野大小的能力。比如，教授通过选定必读书单，以决定对于学生们来说，什么才是值得关注的（而不是由学生自行决定）。当律师通过提请法庭关注申述的反对意见时，法官有权决定支持还是驳回该申述。

权力还包括了划定哪些为可接受的表达，哪些不是的控制权。毕竟通常是上级对下级说：“不要谈论那件事[7]。”划定谈话范畴的权力，是一种微妙的政治斗争。例如，正是这种斗争，使得俄罗斯总统普京在被小布什要求加入对伊拉克的战争时，指出美国长期盟友沙特阿拉伯和巴基斯坦，在推广全球伊斯兰恐怖主义上扮演了更为重要的角色[(8)]。

通过控制“待议事项”以获得对他人可关注及可讨论范畴的控制，是最为常见的方式。例如通过确定什么是议事日程中要讨论的（也暗含了什么是不予讨论的）政治斗争，就正式地界定了哪些是可以拿到桌面上的内容。通常都是上级决定了下级所应该关注的，而不是相反。同样的，国家领导人通过他们的权力设定了“国家待议事项”，从而决定了公众给予健康保险、教育和国防的关注之多寡。

此外，权力还有改变他人关注方向的能力，这一点是通过“转移话题”实现的。事实上，领导人往往会制造危机（乃至发动战争），把公众的注意力从经济困境或政治丑闻中转向别处。（一些针对小布什的批评家已经明确指出，伊拉克被声称所拥有的大规模杀伤型武器，其实不过是布什的“大规模转移注意力型武器”，要么就是模仿著名导演希区柯克，借助他那种故意把观众的注意力从电影的主要情节中引开的策略，即“大规模杀伤型麦格芬”[MacGuffins of mass destruction]）[1] [(9)]。和专业的

1　即不存在之物。——译者注

魔术师一样，拥有权力的人也会专门选择合适的时机，让不受欢迎的或者可能引起尴尬的行为（比如宣布有争议的任命书，或者解雇资深助手等），和其他一些能帮助他们遮掩这些行为的事件同时发生。

凭借大众传媒的力量，领导人抓住了整个国家的注意力（电台和电视台联合，可以让大众注意力同时关注相同的事物）(10)。事实上，我们的“群体雷达屏幕”(collective radar screen)[1]所观看的内容由媒体决定。尽管他们并不总是能够成功地做到告诉我们怎么想，但是他们在告诉我们该想些什么上，确实成果惊人(11)。另外，通过决定哪些事务和事件才能上新闻大标题，哪些可以成为电台和电视台新闻报道的头条故事，他们也就决定了哪些话题是与公众相关的(12)。

毫无疑问，媒体还能够仅仅通过选择性地不报道某些事情，就使得它们无法为我们所知。这些不仅仅发生在电视，广播和报纸都由政府控制的极权社会，在明确多元价值观的政治体系中也不例外。大多数美国主流媒体不约而同的做法是，对于那些（在他们看来）在即将到来的大选中不会扮演什么重要角色的次要候选人不予报道（当然，这些媒体是以一种自我实现的方式这么干

1 指大众共同关注的领域，公共视野。——译者注

的，这也因此足以确保此事不会发生了）[13]，该行为无疑凸显了“非主流”新闻（alternative news）巨大的政治重要性。

事实上，媒体还决定了公众的注意力持续时间长短。比如，我们通常持续几周追看某个新闻报道，然而一旦停止报道，我们很快也就忘却，从此不再关注。一个由媒体驱动的公众注意力标准循环模式是：某特定话题或事件先进入公众的视野，停留一段时间，然后逐渐减弱、消失。“犯罪高发潮”（crime wave）所反映的，也许是媒体报道提高了人们对犯罪行为在集体意识上的关注度，而并非真的犯罪率变高[14]。毕竟，即使是非常重大的新闻，也会在经过一段时间后从我们的公共雷达屏幕中隐退，并最终彻底消失。在这方面的例子，是《纽约时报》在2003年4月21日头版报端发表声明如下：“最近几周独占头版的伊拉克战争及后续报道，自今日起，将回归至常规新闻版面。自第十版起。”

类似政治上“待议事项”的设定，在学术界关注和交流领域的社会化构成中，也相当明显。和学校课程表及历史课本一样[15]，博士课程考试的必读书目也体现出权力决定了他人必须关注的和基本上可以忽略的。然而，与之同等重要的，还有一些更为微妙的“社会心理控制”（sociomental control）[16]。比如，学术界并未明言的某种规范，会迫使学者们在自己的著作中收入一些他们按照社会预期，从专业角度应该熟悉的资料。仅仅通过翻阅最近文章的参考书目，年轻学者就已经心照不宣地感知到了哪些是“必读”书目，更不用说去阅读被推出的文献点评了。与此同时，他们也明白那些没提到的，就是无关紧要的。

学者们也会迫于社会化的压力，把自己的智识上所关注的视野，局限在传统的学术表达范围（或者领域，学科，或更窄的定义：区域），并且将任何此外的学术活动视为离题，如果还不算完全无关紧要的话。举例来说，我所在的专业团体通过各种奖惩措施，不断地迫使我把自己学术上的兴趣局限在所谓的“社会学”领域，并且默默阻碍我开展任何“历史学”“心理学”或者“人类学”方面的研究项目。

这种制度性的遮蔽性行为，专门用来限定学术上的关注和交流，以保证知识上的血统纯粹性。这正是为什么很少有学者得以跨越他们褊狭的心灵角落，在阅读和写作上向着那些传统上被视为其他知识领域的跑马场上进发。那些忽视此种社会压力的人，则常常在求职、升职、申请研究经费和出版著作等方面遇到许多困难——这是一个非常糟糕的结果，须知，对传统上彼此分开的精神领域加以整合，恰恰是人类创造力的鲜明特色(17)。

管自己的事儿

权力还包括了控制（有时候是阻止）他人获得信息。毕竟，是父母告诉孩子什么书能读，什么书不能读；什么电视节目能看，什么节目不能看，而不是反过来。

阻止他人获取信息的方式可以是官方的内容审查，比如报刊停印，广播停播，取消电视节目或禁止刊行历史教科书。也可能是通过一种不那么正式的“善意的建议”，比如“别问那么多了”或“管好自己的事儿”。当总统连任竞选委员会的财务长询问尼克松竞选团队的财务主席，关于付给水门“水管工”钱的事情时，得到的回答是：“我不想知道，而且你肯定也不会想知道[18]。”

如你所知，阻止人们获取信息是一个警察国家的典型特征。因此，在被纳粹占领的欧洲，人们被严禁偷听同盟国的电台节目。而住在集中营附近的人们，则被党卫军勒令对发生在他们眼前的暴行视而不见。不仅不能盯着囚犯看，甚至连观望送犯人到集中营的火车都是被严格禁止的，他们被明确要求转过头去，或者低头，不允许平视。当经过集中营的营房时，紧张的父母常常会告诉孩子，“什么都别看，什么也别听”[19]。

可以想见，如此严酷的审查之所以得以存在，也有赖于人们相当程度上作出的自我压抑。这通常包括“知道什么是不该知道的”[20]。于是，尽管纳粹把犹太人押送流放到东欧的行为常常公开进行（更不用说到处传言的，他们到了那里的下场了），很多德国人都“知道得足够多，以至于绝对不想再知道更多了”。同样的，尽管住在死亡集中营附近的人们清晰无误地明白浓烟的来源，以及焚化厂传来的恶臭是什么，他们仍然避免去问“不必要”的问题，装作茫然无知和一副“因为没有注意，所以一脸无辜”的样子[21]。和世故及“礼貌性忽视”不同，这显然是由恐惧引发的，并且但求自保，并非为他人保留脸面。换言之，他们假装“忽视那些他们无法不注意到的事实。他们明白，如果不可避免地会知道集中营里正在发生的那些事，至少还可以掉头不看。尽管清楚这一切，他们仍努力在无法避免地感知和小心翼翼地忽视之间寻找着平衡”[22]。通过这么做，他们渐渐成为“那种使得独裁统治得以实现的臣民：不说，不看，而且不问，此后，再不好奇”[23]。

闭嘴

同样具有抑制作用，让人保持言行谨慎的压力，常常与压制人们好奇心的社会压力相生相伴，互为补充。毕竟，权力不仅会阻断人们对信息的最初接触，也会防止它的进一步流通。比如，封口费就总是顺着权力阶梯依次向下，而“这事只有你知我知（或仅限此时此地）”的说辞也通常是上级对下级发出的，而不是相反。

此外，噤声也被用来“作为征服的武器……对他人声音进行扼杀”。因此，在1970年代末到1980年代初的阿根廷，专门对付持不同政见者的臭名昭著的“肮脏战争”（Dirty War）[1]时期，任何目击这种“被失踪”现象后人们的议论，都被当局严令禁止——“此为令人难过的被双重噤声的例子。先是某个人或者一群人被绑架，他们的悲惨结局无处可查，紧接着，他们曾经存在过的事实也成为禁忌，人们不可能对此进行真正的谈论。”这种曾出现在纳粹德国集中营内，专门用来削弱人们力量的抑制性的沉默，正是极权警察国家的标志性特征。正像奥威尔在《1984》中那段让人不寒而栗的描述那样：“西姆（Syme）消失了。一个早晨，他没来上班，有几个说话欠考虑的家伙谈论他的缺席。第二天，没人再提他了，西姆已经停止存在，他从来就没有存在过[(24)]。”

自由流通的信息会瓦解现存的权力结构。这一点最

1　肮脏战争（Dirty War）是指1976年到1983年间发生在阿根廷国家主持的暴力事件。受害者多为左翼激进分子，工会主义者，学生，记者，马克思主义者，贝隆的游击队武装及其同情者。据估计，有9000到30000人在此期间被杀或者失踪。据阿根廷失踪人口国家委员会（National Commission on the Disappearance of Persons）估计，失踪人数在13000人左右。——译者注

鲜明地体现在检举揭发（blackmail）上。一个人只消把可能对身居高位的人的不利消息传播出去，就有可能彻底颠覆他们之间现存的权力关系。地位低下的女秘书对表面上强势的老板拥有相当程度的控制权，是因为总是存在着这样一种可能性，即某天她会把自己和老板的不正当关系告诉别人。

保密工作就是通过确保特定的信息不被曝露于众[(25)]，以阻止可能的破坏性场面出现。其工作就是要降低秘密持有者的威胁性，从而暗中维护现存的权力结构。当一位退休的黑人美国女教师公开在全国范围内宣称，自己是已故的参议员斯托姆·瑟蒙德（Storm Thurmond，一位种族隔离主义者的标志性人物）的私生女时，感到颜面尽失的斯托姆家人尴尬地表示："这种事被公之于众……让我们应对起来非常不堪……我们本来是完全可以私下交流的。"[(26)]

保密事宜可以是明文规定的，比如，为了防止内部员工泄露名流私生活的保密协议，或者被恰如其分命名的"封口令"（gag orders），除了"必要的知情权所需了解信息"之外，防止泄露法律规定的秘密信息（所谓"必要知情权"是一个模糊的定义，它实际上促成了过分小心翼翼的行为，由此导致的结果和沉默几无二致），以保护罪犯。预先防止有关他们犯罪的信息流传出去的秘密协议，也具有同样的保密性——该完全合法的形式其本质就是贿赂受害者，以换来他们的沉默。

尽管受害者肯定从这些协议中得到了一些经济上的好处，此举也有利于保护他们的名誉，但几乎总是加害者提出“要求在协议中加入保密条款——受害人则几乎无此要求”[27]。不仅如此，这样的秘密协议其存在本身，也成为了被保守的秘密，而这实际上使得这些罪行得以延续。此种保密协议把屡教不改的惯犯们的众多受害人彼此隔绝开来，使得他们无从知晓这些罪犯之前已经被指控过类似的罪行，这等于无形中助长了这些罪犯的犯罪行为：由此，保密协议不良后果的承担者是公众。消费者对不安全商品信息不知情，工人们对不安全工作环境不知情……1933 年，佳斯·迈威（Johns Manville）公司与 11 名因为石棉感染导致生病的工人达成和解并签订保密协议。如果这个秘密不是因此而被保守了 45 年，那么数以千计的其他工人也许就不会患呼吸道疾病[28]。同样，当保密协议被用于保护一名有恋童癖的牧师时，他的受害人就不大可能知道他们只是更大范围的受虐者的其中一员。相反，他们会认为自己的遭遇只是个案，并把自己的受害在很大程度上看作是个人化的，甚至会为发生这样的事情而责备自己。

实际上，正是由于这样的保密协议，才使得教会当局得以把这些惯犯重新委派到其他教区，并继续猥亵更多年轻的、毫无戒心的受害者。

现在正震动罗马天主教廷的性侵儿童的丑闻中，最令人揪心的，是法庭体系所扮演的角色。法官已经在多起猥亵儿童案件中签署了保密协议，使得犯罪的神甫再次猥亵更多儿童……一名同意封存法庭记录的波士顿法官表示，“如果事先得知这种做法是多么广泛的话”，她可能并不会这么做了。当然，正是像她这样的裁决，才纵容了教会，得而掩饰性虐待已经成为一个如此大的问题[29]。

上述事件的叠加效应，已经引起了明显的不安。“我现在为收下他们赔偿金的行为感到耻辱，”雷蒙德·希尼巴迪（Raymond P. Sinibaldi）说。在1995年因为声称自己被一名牧师虐待后，他得到了教会的保密协议赔偿……“我本应该在当时就起诉，并且召开新闻发布会的。如果我们这么干了，那么这个问题早就被披露了[30]。”

可以想见，梅根法案（Megan’s Law）[1] 和其他一些禁止私下和解的努力，正是为了制止这种“分而治之”（divide-and-rule）的保密协议而生 [(31)]。

然而正像“闭嘴”或者“管住你的舌头”这类常见说法所表明的那样，和正式的封口令或者保密协议相比，通常更常见的，是非正式的压力，在它们的作用下，敏感信息无法传播。这种压力有时候包括身体暴力。比如当强奸犯捂住受害者的嘴巴，以防她们呼救。或者在17世纪的英格兰，饶舌者的头和舌头则被带倒钩的铁板套住 [(32)]。然而更常见的形式，还是语言的威胁恫吓，比如加害者或同案被侵害的人，都会要求受害者不要告诉别人发生了什么。在派特·康洛伊（Pat Conroy）的作品《潮浪王子》（*The Prince of Tides*）中，男主角汤姆·温格（Tom Wingo）回忆在他和他的母亲及姐妹被强暴之后，“在爸爸回家前，妈妈把我们叫到起居室，要求我们每个人都立下誓言，我们不能告诉任何一个人在那天的家里发生了什么……她告诉我们，如果我们违背誓言，

1　梅根法案于1996年5月17日由时任美国总统的克林顿签发 。法案规定：将正式建档的性犯罪案件资料放到网上以供读取；且此等罪犯被释放后必须予以备案存档。梅根法案颁布近十年后，美国最高法院颁布进一步的法规，各州可以在互联网上张贴性侵犯者的照片和其他个人信息，以便保护住在其周围的邻居免受他们的侵犯。梅根法案得名于1994年被奸杀的七岁美国女孩梅根·坎卡。——译者注

她就不再是我们的妈妈了。她发誓，如果我们把那可怕的一天中的任何事情泄露出去，她将永不再和我们讲话”[33]。同样的，哥伦布为了说服西班牙国王他的第二次美洲航行实际上是抵达了中国，就威胁他的水手们说，如果有谁胆敢出来作证，指出他无法就自己宣称过的——古巴是亚洲大陆的一部分的说法自圆其说的话，他就要割掉此人的舌头[34]。

通常而言，形成秘密的压力，其作用方式还是会更加微妙一些的。“进去，读一下这个，”电影《上级命令》（*Command Decision*）里，司令官把一份机密文件递给记者时说，“然后忘掉你读过的。”同样，在几位白宫特勤专员目睹了莱温斯基因为吃醋而闹得不可开交的情景之后，总统克林顿只需告诉他们的长官：“这件事儿，你自己看着办吧。”然后该指挥官用同样微妙的方式对他的下属说，“不管发生了什么，什么也没发生”[35]。

从这个角度再回头看下“皇帝的新衣”里的两个骗子，他们宣称这种布料有一种“奇特之处，那就是它对于任何不称职，或者愚不可及的人来说，都是不可见的”。此种先发制人的伎俩，堵住了所有可能说实话的人的嘴[36]。电影《堕落的偶像》（*The Fallen Idol*）中，令人印象深刻的一幕是，一个人使用类似的方式诱骗孩子，让他们误以为自己目击的这些违法勾当是高度保密的，只有他们才能知道，从而阻止了这些孩子告发他的行为。

确实，迫使对方保守秘密并不需要总是用语言说出来。比如，以升职或者加薪这种方式，来换取一个可能的目击者心知肚明的沉默，又或者一个娈童者只是关上百叶窗或者锁上门[37]。无须多言，使人噤声的方式本身，就常常以鸦雀无声的方式进行着。

原文注：

（1）Luigi Pirandello, *Tonight We Improvise* (New York: Samuel French, 1960 [1932]).

（2）更多对此种努力的探讨，请参见 Eviatar Zerubavel, *The Fine Line: Making Distinctions in Everyday Life* (Chicago: University of Chicago Press, 1993 [1991]), 108–112.

（3）Johanna Foster, "Condom Negotiation and the Politics of Relevance" (Rutgers University, Department of Sociology, 1995).

（4）参见 Robin E. Sheriff, "Exposing Silence as Cultural Censorship: A Brazilian Case," *American Anthropologist* 102 (2000), 114.

（5）I. F. Stone, "It Pays To Be Ignorant," *New York Review of Books*, August 9, 1973, 6–8. 参见 Stanley Cohen, *States of Denial: Knowing about Atrocities and Suffering* (Cambridge: Polity, 2001), 68; Dan Ryan, "Getting the Word Out: Notes on the Social Organization of Notification," *Sociological Theory*, forthcoming.

（6）关于社会体系内部的"劳动在感知上的划分"，参见 Eviatar Zerubavel, *Social Mindscapes: An Invitation to Cognitive Sociology* (Cambridge, MA: Harvard University Press, 1997), 18–19.

(7) 参见 Ruth Wajnryb, *The Silence: How Tragedy Shapes Talk* (Crows Nest, Australia: Allen & Unwin, 2001), 6.

(8) Elisabeth Bumiller and Patrick E. Tyler, "Putin Questions U.S. Terror Allies," *New York Times*, November 23, 2002, A1.

(9) Michael Moore, "A Letter to George W. Bush on the Eve of War," *AlterNet.Org*, March 17, 2003, http://72.14.207.104/search?q=cache:T-1hmuwkCmUJ;www.alternet.org/ story.html%3FStoryID%3D15406+%22A+Letter+to+George+W.+Bush+on+the+Eve+of+War%22&hl=en; Dan Pletch, "Weapons of Mass Distraction: President Bush Wouldn't Want to Talk about the Many Issues which the Iraq Crisis Is Obscuring," *Observer Worldview*, September 29, 2002, www.observer.co.uk/worldview/story/0,11581,800486,00.html; Maureen Dowd, "Yo, Ayatollahs!" *New York Times*, May 25, 2003, section 4.9. 参见 François Truffaut, *Hitchcock* (New York: Touchstone, 1985 [1983]), 138–139.

(10) 参见 Zerubavel, *Social Mindscapes*, 97; Eviatar Zerubavel, *Time Maps: Collective Memory and the Social Shape of the Past* (Chicago: University of Chicago Press, 2003), 4.

(11) Bernard C. Cohen, *The Press and Foreign Policy* (Princeton:

Princeton University Press, 1963), 13 [emphasis added]. 参见 Timur Kuran, *Private Truths, Public Lies: The Social Consequences of Preference Falsification* (Cambridge, MA: Harvard University Press, 1995), 187.

(12) 参见 Maxwell E. McCombs and Donald L. Shaw, "The Agenda-Setting Function of Mass Media," *Public Opinion Quarterly* 36 (1972), 176–187; Herbert J. Gans, *Deciding What's News: A Study of CBS Evening News, NBC Nightly News, Newsweek, and Time* (New York: Random House, 1979); Eric Klinenberg, *Heat Wave: A Social Autopsy of Disaster in Chicago* (Chicago: University of Chicago Press, 2002), 190–224.

(13) 参见 Joshua Meyrowitz, "The Press Rejects a Candidate," *Columbia Journalism Review*, March/April 1992, 46–47.

(14) Mark Fishman, "Crime Waves as Ideology," *Social Problems* 25 (1978), 531–543. 参见 Anthony Downs, "Up and Down with Ecology: The 'Issue-Attention Cycle,'" *The Public Interest* 28 (1972), 38–39.

(15) Arthur L. Stinchcombe, *Constructing Social Theories* (New York: Harcourt, Brace & World, 1968), 243; Zerubavel, *Time Maps*, 106.

(16) Zerubavel, *Social Mindscapes*, 17. 参见 Thomas E. DeGloma, "Memory and the Cognitive Masking of Child Sex

Abuse: Framing and Cognitive Asymmetries of Power in the Family," presented at the annual meeting of the American Sociological Association, Atlanta, August 2003.

(17) Arthur Koestler, *The Act of Creation* (New York: Macmillan, 1964), 105–144, 230–233; Jonathan Miller, *The Body in Question* (New York: Random House, 1978); Mattei Dogan and Robert Pahre, *Creative Marginality: Innovation at the Intersections of the Social Sciences* (Boulder, CO: Westview, 1990); Zerubavel, *The Fine Line*, 117; Eviatar Zerubavel, "The Rigid, the Fuzzy, and the Flexible: Notes on the Mental Sculpting of Academic Identity," *Social Research* 62 (1995), 1097–1098.

(18) Stone, "It Pays To Be Ignorant," 7. 参见 Elaine Sciolino and Neil Mac Farquhar, "Naming of Hijackers as Saudis May Further Erode Ties to U.S.," *New York Times*, October 25, 2001, B4.

(19) Elmer Luchterhand, "Knowing and Not Knowing: Involvement in Nazi Genocide," in Paul Thompson (ed.), *Our Common History: The Transformation of Europe* (Atlantic Highlands, NJ: Humanities Press, 1982), 263; Claude Lanzmann, *Shoah: An Oral History of the Holocaust* (New York: Pantheon, 1985),

26, 97; Gordon J. Horwitz, *In the Shadow of Death: Living Outside the Gates of Mauthausen* (New York: Free Press, 1990), 27, 32, 112, 175.

(20) Michael Taussig, *Defacement: Public Secrecy and the Labor of the Negative* (Stanford: Stanford University Press, 1999), 6. 参见 50.

(21) David Bankier, *The Germans and the Final Solution: Public Opinion under Nazism* (Oxford: Blackwell, 1992), 104–15, 131–32; Luchterhand, "Knowing and Not Knowing," 255; Cohen, *States of Denial*, xii. 参见 Frank Graziano, *Divine Violence: Spectacle, Psychosexuality, and Radical Christianity in the Argentine "Dirty War"* (Boulder, CO: Westview, 1992), 79, 255–256.

(22) Horwitz, *In the Shadow of Death*, 35. 参见 36–37, 92–93, 96.

(23) Ibid., 94 [emphasis added]. 参见 Martin Amis, *Koba the Dread: Laughter and the Twenty Million* (New York: Hyperion, 2002), 39.

(24) Zali Gurevitch, "Dialectical Dialogue: The Struggle for Speech, Repressive Silence, and the Shift to Multiplicity," *British Journal of Sociology* 52 (2001), 93; Adam Jaworski, *The Power of Silence: Social and Pragmatic Perspectives* (Newbury Park, CA: Sage, 1993), 135; George Orwell, *Nineteen Eighty-Four* (New York:

New American Library, 1961 [1949]), 122. 参见 Graziano, *Divine Violence*, 255–256; Luchterhand, "Knowing and Not Knowing," 262; Horwitz, *In the Shadow of Death*, 114; Peter Haidu, "The Dialectics of Unspeakability: Language, Silence, and the Narratives of Desubjectification," in Saul Friedlander (ed.), *Probing the Limits of Representation: Nazism and the "Final Solution"* (Cambridge, MA: Harvard University Press, 1992), 277–299; Dariusz Tolczyk, *See No Evil: Literary Cover-Ups and Discoveries of the Soviet Camp Experience* (New Haven, CT: Yale University Press, 1999), 180–183; Cohen, *States of Denial*, 154.

(25) Georg Simmel, "The Secret and the Secret Society," in Kurt H. Wolff (ed.), *The Sociology of Georg Simmel* (New York: Free Press, 1950 [1908]), 307–376; Sissela Bok, *Secrets: On the Ethics of Concealment and Revelation* (New York: Vintage Books, 1989 [1983]).

(26) Jeffrey Gettleman, "Thurmond Family Struggles with Difficult Truth," *New York Times*, December 20, 2003, A13.

(27) Laurie Goodstein, "Lawyer for Church Says He Hid His Own Sexual Abuse by Priest," *New York Times*, November 25, 2003, A1.

(28) "Ending Legal Secrecy," *New York Times*, September 5,2002, A22.

(29) Ibid. 参见 Thomas Farragher, "Church Cloaked in Culture of Silence," *Boston Globe*, February 24, 2002, www.pulitzer.org/year/2003/public-service/works/globe9.html.

(30) Walter V. Robinson, "Scores of Priests Involved in Sex Abuse Cases: Settlements Kept Scope of Issue Out of Public Eye," *Boston Globe*, January 31, 2002, www.pulitzer.org/year/2003/ public-service/works/globe5.html.

(31) 参见 Adam Liptak, "South Carolina Judges Voted to Ban Secret Court Settlements," *New York Times*, September 2, 2002, A1; "Ending Legal Secrecy."

(32) Alice M. Earle, *Curious Punishments of Bygone Days* (Chicago: Herbert F. Stone & Co., 1896), 96–101.

(33) Pat Conroy, *The Prince of Tides* (New York: Bantam, 2002 [1986]), 500.

(34) Eviatar Zerubavel, *Terra Cognita: The Mental Discovery of America* (New Brunswick, NJ: Rutgers University Press, 1992), 89–90.

(35) The Office of the Independent Counsel, "Referral to the United States House of Representatives Pursuant to Title 28, United States Code, § 595 (C)" [also

known as "The Starr Report"], 731–759, *New York Times*, September 12, 1998, B7. 参见 David E. Sanger, "Lewinsky Was Familiar Face to Agents near Clinton' s Door," *New York Times*, September 13, 1998, National Section, 35.

(36) Hans Christian Andersen, "The Emperor' s New Clothes," in *The Complete Fairy Tales and Stories* (Garden City, NY: Doubleday, 1974 [1836]), 77.

(37) 参见 Tamar Cohen, "Incest: On Keeping the Secret," in Hanna Herzog and Kineret Lahad (eds.), *Knowing and Remaining Silent: Mechanisms of Silencing and Denial in Israeli Society* (Jerusalem: Van Leer Institute, forthcoming).

第4章

否认的社会结构

说话只要有一个人发声就可以，但沉默却需要所有人的配合。

——罗伯特·E. 皮滕杰（Robert E. Pittenger）等，

《前五分钟》（*The First Five Minutes*）

沉默的双层墙壁

当我们从社会学的方法而不是传统的心理学角度来研究否认，很快就会意识到，它通常涉及的不仅仅是一个人，我们实际上是在和“共同否认”（co-denial）打交道，是一种包含多人的社会现象[1]。为了研究合谋的沉默，我们首先必须承认，无论是只有几个朋友，抑或是一个大型组织，他们总是包含了一个整体的社会系统。

共同否认预设了相互规避的前提。只有当大家共同避开众所周知的房间里的大象时，我们才能称之为一个沉默的“合谋”。

作为共同否认的首要表达，沉默是一种集体行为，它包含了某个特定信息的发出者和接收者，以及双方通力合作以回避此信息。“和说话只需要一个主角不同的是，沉默需要合作[2]。”合谋沉默预先假定信息的非生产者（non-producer）是谨慎的，而信息的非使用者（non-consumer）是漫不经心的，正是这些绝口不提房间里的大象的人和相应不张口提问的人的集体努力，才构成了合谋。

为了充分理解共同否认的社会动态结构及其关系，我们需要重新审视那三只猴子。虽然乍看上去，似乎只有那个不说的猴子负责制造沉默，但从更微妙的、把沉默和否认等量齐观的角度上，我们也需要考虑它的其他两个同伴，以仔细审视它们三个之间的关系。

具体而言，要考虑到不说和不听这两种行为间的象征性关系[3]，正是恰当地体现出了保守秘密和世故得体之间的微妙关系。毕竟，比尔·克林顿为了保守他和莫妮卡·莱温斯基偷情的秘密，也需要确保他周围的人至少不能公开地表现出对此事的好奇。因此，虽然对他们关系的性质有所怀疑，克林顿的私人助理贝蒂·科里还是力图“避免知道细节”。即使是财政部长罗伯特·鲁宾，白宫情报处官方负责人，也刻意不去打听特工们其实都已经知道了的内情。“我对这件事的事实真相一点兴趣也没有。”他后来解释说。事实上，他补充道：“如果他们想跟我说，我也会起身离开不听[4]。”

后来，当这个美国国王试图掩盖流传已广的自己没穿衣服的事实时，他寄希望于身边的人表现出一种得体的不闻不问，就像史蒂芬·斯皮尔伯格那样。史蒂芬后来声称：“我从来没有站出来问他是否属实，所以他也从来没对我撒过谎。当我们在一起的时候，我们谈论家庭和各种事情，但我们从来没聊过房间里的大象[5]。”所以，他在 1998 年丑闻败露几天后的国情咨文和 1999 年的弹劾审判中，依赖听众的礼貌和在对那种超级尴尬环境下的巧妙伪装来保全颜面。

此外，人们也许还记得托马斯·杰斐逊在处理与他的奴隶萨利·海明斯（Sally Hemings）的暧昧关系时的谨慎态度，这不但使得他的家人得以免于承认此事，同时，也世故地事先就预料到他人会对此事得体地配合。毕竟，如果别人期望我（至少是假装）忽略他们，他们也需要额外注意，以免引起我的关注。如果别人都不说，当然很容易做到不听；如果别人“不做”，也很容易不看。例如，整个社会看到裸体的不适感，是由表面上看起来对此不感兴趣的“非窥淫狂”（non-voyeurs）和举止得体的“非暴露狂”（non-exhibitionists）共同努力表达出来的。通过言行谨慎，我们其实是借由帮助他人，来使自己免于陷入尴尬的境地[(6)]。

合谋沉默所包含的彼此对立的社会力量之间的关系，究其本质，是一种对称的关系，因此，这一点造就了其对于不看和不听双方的“对等保护”。这种对称甚至在极度不均衡的关系中依然很明显，从孩子和父母亲谁也不愿意主动和对方讨论性话题就可以完美地证明，孩子觉得提问（后来是告知）很别扭，父母亲也觉得告知（后来是提问）不自然。在这方面还可以考虑这样一种令人震惊的对称关系的存在，即一边有人竭力遮掩自己所犯暴行的秘密，而一边人们则同时在积极配合，甚至对自己否认这些事实的存在，如电影《烽火人间》（*The Official Story*）中对政治冷感的艾丽西娅和她总是含糊其词的丈夫罗伯托之间的共生关系。还可以注意一下可怕的施暴者和暴行目击者之间令人不寒而栗的对称动态，就像纳粹分子竭力向周围居民掩饰集中营的恐怖，而居民们也宁愿睁一只眼闭一只眼 (7)。

通过共同地不看和不做，或者不听和不说，我们建起了一道“双层墙体”的沉默[1]。这种理论由心理学家丹·巴昂（Dan Bar-On）首次提出，并应用于前纳粹罪犯和他们孩子之间的关系中，但具有讽刺意味的是，该理论居然对于纳粹时期的受害者和他们孩子之间的关系动态同等重要。毕竟，在许多二战大屠杀幸存者家庭中笼罩着沉重的沉默，“是两种矛盾能量的交织：对幸存者来说，是对讲述过去的压抑；对他们的后代来说，则是对发现真相的恐惧”。（有个幸存者的孩子回忆说：“从来没有谁明确禁止谈论大屠杀，如果我或弟弟试图提起话头，他们肯定不会叫我们闭嘴。但我们就是压根儿都没有提过。”）这解释了一个人为什么可以对祖母的死因一直不了解，事实上她没要求母亲告诉她：“我不知道谈话中断是我所为还是她的意愿。”应该是双方都有此意吧 (8)。

1　“沉默的双墙”概念最早由以色列心理学家丹·巴昂提出，用以描述纳粹战犯及其后代，对二战期间大屠杀的史实避而不谈，彼此保持沉默的默契。——译者注就像美国军队的“不许问，不许说”政策明确阐述的，所谓衣柜的概念通常和同性恋密不可分，其结构和功能性都惊人的相似。这双层墙壁基本上是由“同性恋和异性恋们合力筑造而成”。毕竟，与普遍看法相反，这“不仅仅是一面盾牌……不让外面的人听到什么”，它同时也“不让里面的人说出来”[(9)]。

再想想由医生和临终病人之间，他们关于病人垂死的消息所共同建造的沉默双墙，“医生和病人都知道疾病终将不治，他们也都知道对方清楚这一点，但是他们谁也不会挑明”，因为“医生不喜欢讨论这件事，病人也不想提”。“你不说，我也不问”这种心照不宣的默契在夫妻之间也存在，她“从不评论他看到年轻女人时的样子”，他也“从来不提对她伪装高潮的怀疑”，或者他们会尝试（影片《牙医的秘密生活》[*The Secret Lives of Dentists*] 中生动地描述了这样的场景）熟练地为彼此去哪里做了什么的托词或谎言东拉西扯地找理由搪塞过去，而不肯公开地“拆穿他或她的托词”[(10)]。

然而，沉默的墙壁往往还不止两层，因为参与这种合谋的人不只限于两个。比方说，在研究索福克勒斯（Sophocles）的共同否认经典著作《俄狄浦斯王》（*Oedipus Rex*）中，可以看到多位共谋者合力，让俄狄浦斯对杀害了自己的父亲，并娶了自己的母亲一事毫不知情。在调查拉伊俄斯（Laius）的死因时，究竟为什么克里昂（Creon）从来没有派一个可以认出俄狄浦斯是真正凶手的幸存目击者呢？同样，在17年的共同生活中，为什么伊俄卡斯特（Jocasta）从来没有把她年轻丈夫严重变形的双脚（希腊语中，俄狄浦斯就是“肿胀的双脚”）和脚被刺伤的亲生儿子联系在一起？这是多么明显的证据。而且如果儿子活到现在，正好是丈夫的年纪。而为什么镇上的长者如此坚持忽略提瑞西阿斯（Tiresias）的公开谴责，他指控俄狄浦斯就是杀害拉伊俄斯的凶手(11)？

索福克勒斯的作品巧妙地提醒我们，父母与子女的乱伦，涉及的不仅仅是孩子和这个家长。在这样的家庭里，通常有另一位家长选择性地忽略这个事实，当作压根儿没这回事（同样，神父的性虐待案件中通常也有一个监督主教包庇）。同理，尽管虐妻案件从字面上说只涉及想保密的施虐者，其实他的受害者也觉得羞于启齿。这种沉默常常还涉及其他知情的家庭成员、邻居和朋友，他们都没想过主动报案。

否认在否认

诡异的是，沉默往往是由声音来掩盖。所谓的闲聊、紧张的谈话、“拐弯抹角”，都只不过是“噪音合谋”(conspiracies of noise)[(12)]的不同形式，用来掩饰让人不适的沉默。(这就是“背景”声。当泰坦尼克号下沉的时候，乐队继续演奏的画面一直印在我们的脑海，这启发了兰迪·席尔茨 [Randy Shilts]，他将自己那部关于艾滋病肆虐但人们对此却保持沉默的 1980 年代的编年史著作定名为《世纪的哭泣》。[1]）当房间里有一头大象时，我们总能找到一些“除了正在发生的事情以外的，其他的话题”来谈[(13)]。

然而，让合谋的沉默比起掩盖行为更险恶的，是沉默本身从未被共谋者们所讨论。和我们公开说明不去说起某事（“此事免谈”）不同，共谋者绕开某些话题的事实一直未被承认，沉默背后暗藏的微妙的社会动态结构因此被掩盖。“这就像《皇帝的新衣》这样的童话故事。大家都明白，说出来要冒风险……但这一事实本身是‘不能被讨论的’[(14)]。”关于对沉默保持沉默，或者说超沉默（meta-silence）的一个绝佳的例子，就是秘密周围的保密。马克·乔丹（Mark Jordan）曾深刻地指出：“如果说有一个关于天主教牧师们同性恋活动的‘秘密’的话，那这个秘密，就是一种迫切的焦虑感，而这种对于所知

1 《世纪的哭泣》为中译名，英文为And the Band Played On，可直译为“乐队持续演奏”。——译者注

不多且令人恐惧的事情的焦虑，是必须要小心地加以隐藏的。安排各种措施来保守秘密的真正原因，正是这种焦虑及其所导致的慌乱的努力。所以，其‘秘密’本身，就是努力地掩饰焦虑不安[15]。”

事实上，谈论房间里的大象如此之困难的原因，是“不仅仅没有人愿意听，而且没有人愿意谈论‘不听’这件事”[16]。换句话说，避谈大象的行为本身就是大象！我们不仅避开它，而且我们一边这样做，一边否认，从而否认了我们的否认。

就像“关于禁止观看禁止观看条例的条例”，或“被禁止谈论我们被严禁谈论某事的事实”，或“我们看不见我们不想看的东西，我们也看不见我们看不见的东西”，这样的超否认（meta-denial）预设了一种自欺的特殊形式，奥威尔称之为“双重思考”；或是“有意识地促使无意识，然后……对自己刚才实施催眠的行为失去意识”的能力。因此，在《1984》中，当东亚国突然接过大洋国的传统宿敌欧亚国的角色，而成为大洋国的敌对国时，大洋国的人马上开始销毁或改写他们与欧亚国长期战争的相关参考文献，奥威尔敏锐地指出，“这是一个浩大的工程，最困难的是因为工程的进程本身都是不能明说，无法指称的”[17]。

旁观者和帮凶

确认了把社会体系作为研究合谋沉默的逻辑背景后，让我们来检验一下社会关系和社会形势的结构特征，他们是影响一个人是否可能会参与合谋行为的最显著的因素。因此，我们需要做一些比较，比如在对等关系及权力介入的关系之间，以及公共场合和私下场合之间，如是类推。正如我们所预料的，是否参与沉默合谋，受某人离这个所谓的大象距离远近的影响很大。离大象越近，就越能感受到否认其存在的压力。所以，其实是站在街上观看皇家游行的人们，而不是游行队伍中的人首先冲破否认的藩篱，公开承认皇帝的一丝不挂[18]。

围绕在大象周围的人们，他们彼此之间的社会距离也很重要。毕竟，社会意义上离得“越近”，我们越倾向于彼此信任，并因而越发开诚布公。另外，催生沉默的正式关系和社会环境（如官僚机构）则不鼓励这种坦率开放，而是竭力促进噤声。

同样重要的，还有我们之间的政治“距离”。相对于上级，我们一般更倾向于信任和我们同级别的人。因等级森严而权力差异越大的社会系统，其对开放和坦诚的抵制越明显。

然而，最显著地影响一个人是否参与沉默合谋的结构性因素，是合谋者的实际数量。这一点与常见的秘密形成鲜明对比，一般秘密的价值就在于它具有直接的排他性功能（也就是说，只有一小撮人共享一个秘密）[19]，而人尽皆知的秘密则随着“了解内幕”的人越多（而不是越少），变得越发让人绝口不谈。确实，共谋参与者的数量越多，沉默就“越沉重”和“越响亮”。严格禁止《1984》中温斯顿和朱丽亚那样非法的单独会面，可能是反乌托邦的警察国家确保某些事情永远不被公开讨论的最有效的方式。

正如现代社会学的奠基人之一格奥尔格·齐美尔（Georg Simmel）的著名论断所言，在三个人的群体与两个人的群体之间，只需要就其社会互动方面作一个比较的话，即可理解参与者的数量对社会互动的动态结构的影响。而且事实上，与两个人的沉默合谋不同，即使在一个只有三个共谋者参与的合谋中，也已经预设了在社会组织群体的否认中，一个潜在的、新的关键人物的出现，我们可称其为沉默的旁观者[20]。

电影《事件》（*The Incident*）的一个场景，看后令人寒意顿生：仅仅两个年轻的小混混，就把整个地铁车厢里的人给震慑住了，这恰恰是因为（而不是尽管）有这么多的乘客一起看着他们，正是借助了他们的沉默，才成功地遏制住其中的每一个人采取行动阻止匪徒的可能。难怪我们常常把沉默的旁观者视作帮凶，他们无形中为暴行和虐待的不可讨论性作出表率，促成了自我否认。面对丈夫或男友骚扰她们的女儿时，女人们选择保持缄默，就是通过拒不承认使得这种骚扰得以持续。就此而言，当某人的朋友、亲戚和同事故意将头扭向一边，假装没有注意到他酗酒或吸毒的那些显明迹象时，作用是一样的[(21)]。

沉默的旁观者之所以能成为帮凶，是因为当其他人看到这些旁观者对某些事物视而不见的行为时，这些行为会进而鼓励他们否认该事物。研究证据显示了社会压力是如何影响我们的看法的，如果某人周围没有任何其他人作出同样关注，那么从心理学上来说，他会很难相信自己的感觉，并坚持相信他所看见或听见的确实存在。针对某样事物，一方面是其他人明显对此置若罔闻，另一方面是自己对此有所认知，这两者之间的差异，产生了一种混淆感，并进一步增加了此人最终屈从于社会压力，选择否认的可能性[(22)]。

这种压力随着沉默旁观者人数的增加而加剧。托马斯·斯多克芒（Tomas Stockmann）博士，一个勇敢的、面对否认毫不留情的斗士，在亨里克·易卜生的戏剧《人民公敌》（*An Enemy of The People*）中注定会发现，

“真理最坏的敌人……就是大多数”[23]。看到越多人有意忽略房间里的大象，人们就越难坚信自己所看到的——即大象是真的就在那里。身为少数，需要不断抗拒多数人号召加入合谋、一起忽略大象的压力，这种压力随着沉默合谋者人数的增多而不可避免地变得更加显著。正如我们心知肚明的，如果身边有十三个人而不是仅仅三个，肯定更难谈起一个难以启齿的话题，看起来他们中没有谁会热衷于讨论该话题的。

此外，眼看着几个人一起忽略大象的体验，与看他们各自单独忽略的体验是大不相同的，因为这还涉及他们每个人观察别人忽略时体验的叠加效应！不是几个各自为战的个体来否认，取而代之的是身边的一帮人都明目张胆地参与到同一个合谋中。进一步地，从两人增至三人，遑论更广大的范围，沉默的合谋涉及一个重要的转移——从严格的人际交往型社会压力转移到我们所谓的整体性团体压力。由此，打破沉默实际所侵犯的，不只是某些个体的个人舒适感，而是一个整体性的神圣的社会禁忌，故而激发了一种被强化的恐惧感。

顺着同样的思路，注意一下私人和公共交流的差异性。那些只会和亲朋好友分享的个人婚姻中所存在的问题，是很少会愿意被拿到公开场合讨论的。同理，同事们很乐意在“重门深锁之后，窃窃私语”地议论上级的腐败和不称职行为……但只有愚蠢和幼稚的人才敢把这些公之于众（这也解释了为什么对“政治正确”规则的违反更可能出现在厕所涂鸦上，而不是公开讲座或电视节目中）[24]。

沉默如癌细胞般分裂增长

随着时间的推移，沉默的合谋会展现出某种特定的轨迹。为了解这种合谋的全貌，我们也需要审视它们高度模式化的社会动态[25]。

在《皇帝的新衣》中，虽然无论是首相大臣还是皇帝的其他亲信议员，都看不到并不存在的布料，但他们仍然假定除了他们，其他人包括皇帝都可以看见，因此大加赞赏皇帝的新衣，以保全自己的声誉。不管怎样，他们毫不真诚的证言，反而导致皇帝认为他一定是唯一一个看不见的人。“‘什么！’皇帝想，看着空空的织机，‘我什么都看不到！为什么，这太可怕了！我愚蠢吗？我不配做皇帝吗？’”但是，“他大声说，‘这非常漂亮’”，从而延续了无法避免的，以错误臆断为前提的恶性循环。因此，随着故事继续发展，“所有的议员、大臣和重要人物……盯着看，努力盯着看，却和国王一样，什么都看不到”，但他们还是“像皇帝那样说，‘这真漂亮’”[26]。

同理，当一名员工在会议中看到另一位对明显听得很清楚的话充耳不闻时，那么这些话可能是无关紧要的印象，会在第二个工作人员的继续无视中得到加强。事实上，一个恶性循环可能从此产生，每个同谋者的否认对他人都是一种支持，他们的整体沉默会彼此呼应，这时第三个、第四个也加入了共谋。保罗·西蒙（Paul Simon）说，“沉默，如癌细胞般分裂增长”[27]，这正是整个社会是如何变得集体否认其领导者的无能，无视明显的暴行，以及对迫在眉睫的环境灾害视而不见的过程。

由此，沉默的强度不仅受参与其中的共谋人数的影响，还会受到这些人保持沉默的时间长度的影响。佐证之一，就是结婚多年的夫妇关于性生活质量的交流普遍十分缺乏，如果这种情形持续时间足够长，那么即使仅仅是两人之间的社会交流环境，沉默也可以很“沉重”。所以，尽管沉默可能随着时间的延长而被干扰，但它还是趋向于变得更加讳莫如深。

这在很大程度上是沉默固有本质的累加结果。如同其他任何否认形式（接受过心理治疗的人们都能了解）一样，沉默可以自我强化。保持沉默的时间越长，越难以避免地演变成为“用更多的沉默来掩盖我们的沉默”[28]。今天的沉默将使明天的沉默更难打破。

塞缪尔·约翰逊（Samuel Johnson）曾经说过：“沉默会自我繁衍。越长时间不说话，就越难找到可说的话题。”同理，“事情搁置的时间越长，就越难讨论”。确实如此，当我们阅读简·斯迈利（Jane Smiley）的《一千英亩》（*A Thousand Acres*）[1]时，不免会为小说中主人公的经历伤怀，两姐妹可能需要20来年才觉得心理上做好了准备（这还是说，如果她们最终真的会这样做的话），和对方谈谈自己都曾被父亲猥亵过的共同经历[29]。

事实上，“大象”通常随时间而增长，它们的形象大小反映了它们的年龄。我们假装没有注意到它们的时间越长，它们在我们脑海中就变得越大。一个大屠杀幸存者的孩子，在描述围绕在他父母亲创痛过往的那种沉默时说：“每年它长高一些，我越来越多地认识到它的存在。奇怪的是，纵使它占据了我们的全部生活，我们却从没谈起过它[30]。”

---

1 《一千英亩》的作者简·斯迈利是美国当代著名女作家。著有《伤心时代》《格林兰人》《平常之爱与善意》等，在评论界广受推崇。1991年，斯迈利的代表作《一千英亩》问世后，因其心理刻画和对女性自我意识觉醒的深刻描写，接连荣获1992年普利策奖和美国国家书评人奖。小说情节部分受莎士比亚《李尔王》影响，描写一个美国中西部家庭，在独断专行的父亲阴影下，三个女儿的挣扎和成长。——译者注

鉴于此，人们能伪装多久呢，假装没有注意到房间里的大象，直到它变得太大（它的存在过于明显）而不容躲避？到底有没有什么能够停止这种看似无休止的否认循环？到底有什么能够真正结束合谋的沉默？

原文注：

(1) Eviatar Zerubavel, "The Elephant in the Room: Notes on the Social Organization of Denial," in Karen A. Cerulo (ed.), *Culture in Mind: Toward a Sociology of Culture and Cognition* (New York: Routledge, 2002), 25.

(2) Robin E. Sheriff, "Exposing Silence as Cultural Censorship: A Brazilian Case," *American Anthropologist* 102 (2000), 114. 参见 I. F. Stone, "It Pays To Be Ignorant," *New York Review of Books*, August 9, 1973, 8; Stanley Cohen, *States of Denial: Knowing about Atrocities and Suffering* (Cambridge: Polity, 2001), 64–65, 125; Donald Cozzens, *Sacred Silence: Denial and the Crisis in the Church* (Collegeville, MN: The Liturgical Press, 2002), 41.

(3) Frederick B. Bird, *The Muted Conscience: Moral Silence and the Practice of Ethics in Business* (Westport, CT: Quorum Books, 1996), 191, 194.

(4) David E. Sanger, "Lewinsky Was Familiar Face to Agents near Clinton's Door," *New York Times*, September 13, 1998, National Section, 35.

(5) Stephen J. Dubner, "Steven the Good," *New York Times*, February 14, 1999, section 6, 38.

(6) Jan E. Lewis, "The White Jeffersons," in Jan E. Lewis and Peter S. Onuf (eds.), *Sally Hemings and Thomas Jefferson: History, Memory, and Civic Culture* (Charlottesville: University Press of Virginia, 1999), 154; Erving Goffman, *The Presentation of Self in Everyday Life* (Garden City, NY: Doubleday Anchor, 1959), 234–237; Erving Goffman, "On Face Work: An Analysis of Ritual Elements in Social Interaction," in *Interaction Ritual: Essays on Face-to-Face Behavior* (Garden City, NY: Doubleday Anchor, 1967 [1955]), 29; Raymond Geuss, *Public Goods, Private Goods* (Princeton, NJ: Princeton University Press, 2001), 13–14.

(7) Gordon J. Horwitz, *In the Shadow of Death: Living Outside the Gates of Mauthausen* (New York: Free Press, 1990), 175. 参见 Derrick Jensen, *A Language Older Than Words* (New York: Context Books, 2000), 347.

(8) Dan Bar-On, *Legacy of Silence: Encounters with Children of the Third Reich* (Cambridge, MA: Harvard University Press, 1989), 328; Ruth Wajnryb, *The Silence: How Tragedy Shapes Talk* (Crows Nest, Australia: Allen & Unwin, 2001), 32, 265; Martin Goldsmith, *The Inextinguishable Symphony: A True Story of Music and Love in Nazi Germany* (New

York: John Wiley & Sons, 2000), 2. 参见 Nadine Fresco, "Remembering the Unknown," *International Review of Psycho-Analysis* 11 (1984), 418.

(9) Mark Jordan, *The Silence of Sodom: Homosexuality in Modern Catholicism* (Chicago: University of Chicago Press, 2000), 90, 107.

(10) Barney G. Glaser and Anselm L. Strauss, *Awareness of Dying* (Chicago: University of Chicago Press, 1965), 67, 125; Daniel Goleman, *Vital Lies, Simple Truths: The Psychology of Self-Deception* (New York: Touchstone Books, 1986), 157; Cohen, States of Denial, 66; Diane Vaughan, *Uncoupling: Turning Points in Intimate Relationships* (New York: Oxford University Press, 1986), 64, 76–78. 参见 Dan Bar-On, *The Indescribable and the Undiscussable: Reconstructing Human Discourse after Trauma* (Budapest: Central European University Press, 1999), 162.

(11) Philip Vellacott, *Sophocles and Oedipus: A Study of Oedipus Tyrannus with a New Translation* (Ann Arbor: University of Michigan Press, 1971), 24–25, 115–117, 156–157, 163, 171, 173, 185–186, 220, 224. 参见 John Steiner, "Turning a Blind Eye: The Cover Up for Oedipus," *International Review of Psycho-Analysis* 12 (1985), 165–166, 168; John Steiner, *Psychic Retreats:*

Pathological Organisations in Psychotic, Neurotic, and Borderline Patients (London: Routledge, 1993), 120–121; Noam Zerubavel, "Allegorical Recognition of Truth and Identity in *Oedipus Rex*" (Columbia University, 2003).

(12) Kathleen Gerson, personal communication.

(13) Randy Shilts, *And the Band Played On: Politics, People, and the AIDS Epidemic* (New York: St. Martin' s Press, 1987); Kathryn Harrison, *The Kiss* (New York: Avon Books, 1997), 117.

(14) Elizabeth W. Morrison and Frances J. Milliken, "Organizational Silence: A Barrier to Change and Development in a Pluralistic World," *Academy of Management Review* 25 (2000), 721. 参见 722; Chris Argyris, "Skilled Incompetence," *Harvard Business Review*, September–October 1986, 76.

(15) Jordan, *The Silence of Sodom*, 87. 参见 Sissela Bok, *Secrets: On the Ethics of Concealment and Revelation* (New York: Vintage Books, 1989 [1983]), xiii.

(16) Fred C. Alford, *Whistleblowers: Broken Lives and Organizational Power* (Ithaca, NY: Cornell University Press, 2001), 20–21.

(17) Ronald D. Laing, "The Politics of the Family," in *The Politics of the Family and Other Essays* (New

York: Pantheon Books, 1971 [1969]), 99–100, 106, 115; Goleman, *Vital Lies, Simple Truths*, 234; George Orwell, *Nineteen Eighty-Four* (New York: New American Library, 1961 [1949]), 33, 150.

(18) Hans Christian Andersen, "The Emperor' s New Clothes," in *The Complete Fairy Tales and Stories* (Garden City, NY: Doubleday, 1974 [1836]), 81.

(19) Georg Simmel, "The Secret and the Secret Society," in Kurt H. Wolff (ed.), *The Sociology of Georg Simmel* (New York: Free Press, 1950 [1908]), 332; Eviatar Zerubavel, "Personal Information and Social Life," *Symbolic Interaction* 5, no. 1 (1982), 101–102.

(20) Cohen, *States of Denial*, 15–18, 68–75, 140–167. 参见 Georg Simmel, "Quantitative Aspects of the Group," in Kurt H. Wolff, *The Sociology of Georg Simmel* (New York: Free Press, 1950 [1908]), 135–136, 145–169.

(21) 参见 Bibb Latané and John M. Darley, *The Unresponsive Bystander: Why Doesn't He Help?* (New York: Appleton-Century-Crofts, 1970); Pavel Machotka et al., "Incest as a Family Affair," *Family Process* 6 (1967), 99–100; Dan Bar-On, *The Indescribable and the Undiscussable: Reconstructing Human Discourse after Trauma* (Budapest: Central European University Press, 1999), 199.

(22) Solomon E. Asch, "Studies of Independence and Conformity: A Minority of One against a Unanimous Majority," *Psychological Monographs* 70 (1956), 9 (whole no. 416); Muzafer Sherif and Carolyn W. Sherif, *Social Psychology* (New York: Harper and Row, 1969), 70–72, 119–121, 202–210; Robert B. Cialdini, *Influence: Science and Practice* (New York: HarperCollins, 1993), 94–133.

(23) Henrik Ibsen, "An Enemy of the People," *in Six Plays by Henrik Ibsen* (New York: The Modern Library, 1957 [1882]), 225. 参见 226–227.

(24) Ethel M. Albert, "Culture Patterning of Speech Behavior in Burundi," in John J. Gumperz and Dell Hymes (eds.), *Directions in Sociolinguistics: The Ethnography of Communication* (New York: Holt, Rinehart and Winston, 1972), 91; Morrison and Milliken, "Organizational Silence," 706. 参见 Nina Eliasoph, *Avoiding Politics: How Americans Produce Apathy in Everyday Life* (Cambridge: Cambridge University Press, 1998).

(25) 关于社会静态与社会动态的基本区别，参见 Auguste Comte, *Cours de Philosophie Positive*, in Gertrud Lenzer (ed.), *Auguste Comte and Positivism: The Essential Writings* (New York: Harper Torchbooks, 1975 [1830–1842]), 263–297.

(26) Andersen, "The Emperor' s New Clothes," 79. 参见 Helen S. Perry, "Selective Inattention as an Explanatory Concept for U.S. Public Attitudes toward the Atomic Bomb," *Psychiatry* 17 (1954), 226.

(27) Paul Simon, "The Sound of Silence," 1964.

(28) Bird, *The Muted Conscience*, 51. 参见 Stanley Milgram, *Obedience to Authority: An Experimental View* (New York: Harper and Row, 1974), 149; Zygmunt Bauman, *Modernity and the Holocaust* (Ithaca, NY: Cornell University Press, 2000 [1989]), 158.

(29) Rudolf Flesch, *The New Book of Unusual Quotations* (New York: Harper and Row, 1966), 349–50 [emphasis added]; Kathleen D. Ryan and Daniel K. Oestreich, *Driving Fear Out of the Office: How To Overcome the Invisible Barriers to Quality, Productivity, and Innovation* (San Francisco: Jossey-Bass, 1991), 30; Jane Smiley, *A Thousand Acres* (New York: Fawcett Columbine, 1991).

(30) Goldsmith, *The Inextinguishable Symphony*, 2.

第 5 章

打破沉默

> “可他什么也没穿呀！”一个小孩喊道。“听听这个天真孩子的话吧！”孩子爸爸自豪地说。人们也纷纷耳语重复着那个小孩的话。“他什么也没穿。有个小孩儿说他什么都没穿。”“他什么都没穿！”最后所有人都这么嚷嚷起来。
>
> ——安徒生《皇帝的新衣》

沉默保持的时间越长、参与者越多，迫使我们加入合谋的压力也就越大，然而与之形成悖论的是，如此一来，这场沉默合谋被终结的可能性也随之增加。就是说，沉默保持得越深，则打破沉默的机会就越多。诚如《皇帝的新衣》结尾所暗示的，哪怕只有一个人不愿意否认大象的存在，那他也终将带动所有合谋者公开承认它的存在。

况且即便没有人出来打破沉默，这种可能性也总是存在的。也就是说，任何一场沉默的合谋中，都有一个潜在的打破沉默者。据此，我们可以在三不猴之外再添上第四只，它随时可能触犯某个禁忌，从而破坏了这场合谋。下面这幅反映水门事件的讽刺画(1)，给这三只猴子添加了一个正在和美国头牌新闻调查员通话的新成员。这幅漫画恰当地描摹出这样一股会暗中破坏沉默合谋的社会力量，告诫我们拒绝面对某些事物的想法，会被同样强烈的揭露真相的愿望所抵消(2)。

喂？是杰克·安德森吗？（The New Yorker Collection 1976 Arnie Levin，Cartoonbank.com. 版权所有）

从认知到承认

终结沉默合谋，就要承认房间里大象的存在，否则，它就成了公开的秘密。而且，我们必须公开承认它的存在，私下承认并不能终结两人以上的合谋。

衣服烘干机的发明帮助人们在公众前保护自己的隐私[3]，与诸如此类努力形成鲜明对比的是，打破沉默，则正是要把人们一直视为隐私的事情呈现给公众。苏联许多国民当时肯定都很清楚斯大林政权的所作所为，但这并不能打破震耳欲聋的沉默——直到赫鲁晓夫出来正式提出指控，以及随后出版的《伊万·杰尼索维奇的一天》(*One Day in the Life of Ivan Denisovich*）中，亚历山大·索尔仁尼琴也对古拉格体制做了让人震惊的描述。同样，尽管许多以色列人都知道，40 年来以色列在巴勒斯坦难民问题中扮演着何等重要的角色，但多年来避免公开谈论此事的默契是被本尼·莫里斯（Benny Morris）打破的，其著作《巴勒斯坦难民问题的诞生，1947—1949》(*The Birth of the Palestinian Refugee Problem, 1947–1949*）一书因此引起了广泛争议。2003 年，伊拉克侵略战争过后，许多美国人都认识到了乔治·布什判断力之拙劣、为人之冷漠、责任感之匮乏，但人们对这些显而易见的执政缺陷默不作声，直到 2005 年，卡特里娜飓风过后，新奥尔良被淹得汪洋一片时，美国媒体才终于打破了这一沉默[4]。

一言以蔽之，打破沉默合谋，就是要使大象的存在成为公众话语的一部分。这就是为什么我们用一只捂着嘴的猴子来代表沉默合谋的要素之一。没有捂着的嘴随时可能张开，暗含着公开的可能性，这恰好是沉默的对立面。作为造诣颇高的打破沉默者，比尔·马赫（Bill Maher）以自诩“政治不正确”的直言快语而闻名，在一则为《马赫脱口秀》（*Real Time with Bill Maher*）拍的宣传片中，他撕下贴在自己嘴上的胶布，以一种滑稽搞笑的方式告诉我们，胶带是用来封窗户的，不是用来封嘴的。

毋庸置疑，开诚布公对否认真相有着重要的阻碍和对抗作用。我们不妨留意一下，看看坦诚的交流是如何击穿儿童被性虐待的沉默之墙，以及在公众领域保留大屠杀中幸存者证词的道德诉求的必要性，还包括家庭干预对于扭转在酗酒和吸毒者与他们的家人之间典型的否认现象所发挥的积极作用（海琳娜·罗歇 [Helena Roche]《上瘾的过程：从成全到干预》[*The Addiction Process: From Enabling to Intervention*][5]一书的副标题用成全者来暗指他们身边的家庭成员）。此外，我们还可以看看同性恋维权者们在20世纪80年代艾滋病流行期对显赫的公众人物，以及2004年对反同性婚姻的共和党人士的“出柜披露”

（即公开其同性恋取向）(6)。正如沃伦·乔纳森（Warren Johansson）和威廉·佩西（William Percy）合著的《走出来：粉碎沉默合谋》（*Outing: Shattering the Conspiracy of Silence*）的副标题所暗示的，这些维权者所做出的努力，实际上是一场“公开合谋”，以促使同性恋者出柜，公开同性恋这一广泛却不被承认的社会存在，冲破否认的公众之墙。

在此，我们要区分使某些个体出柜和把同性恋作为一种普遍的社会现象来曝光这二者之间的不同。同理，我们也要区分地方权力机构要让公众知晓性侵犯者身份的法律规定，和提高公众对于强奸及儿童色情犯罪的普遍认知度的社会运动，这二者之间的不同，就是揭发同打破沉默之间的根本区别。像埃米尔-左拉（其题为《我控诉》[*J'accuse*]的公开信打破了公众对德雷福斯事件[1]中明显的反犹倾向所保持的沉默）和罗尔夫·霍赫胡特（其1963年剧作《上帝的代理人》[*The Deputy*]打破了长久以来人们对教皇在犹太人大屠杀中的共犯身份所保持的缄默）(7)这样的人堪称打破沉默者，他们与丹尼尔·艾斯伯格（Daniel Ellsberg）、艾琳·布洛克维奇（Erin Brockovich）、

1　1894年，法国陆军参谋部的犹太裔上尉军官德雷福斯被诬陷犯有叛国罪，被革职并处终身流放，法国右翼势力乘机掀起反犹浪潮。此后不久即真相大白，但法国政府坚持不愿承认错误，直至1906年，德雷福斯才被判无罪。——译者注

安妮塔·希尔（Anita Hill），或理查德·克拉克（Richard Clarde）[1]等揭发者的作为终究是截然不同的。打破沉默者所“揭发”的不是那些我们原本不知晓的秘密，而是那些我们都知道却不愿当众承认的公开的“秘密”。具体说，他们公布“背景”而不是“内幕”(8)，他们帮助把大象暴露出来，而不是告密者所揭发的“骷髅”[2]。

把大象暴露出来

显然，要承认大象的存在，我们就得主动注意到它，这就要求我们从“背景”（background）中拖出大象，把它作为“图景”（figure）凸显出来。要人们去注意一直无视的事物，就得把图景和背景对换过来。换句话说，打破沉默合谋，就意味着把房间里的大象推到前景来(9)。

---

1 丹尼尔·艾斯伯格曾将五角大楼关于越战的秘密文献泄露给媒体。艾琳·布洛克维奇揭发美国太平洋煤气与电力公司污染公共用水，并代表600多名居民起诉该公司，创下全美历史上3.33亿美元的最高庭外和解金额。以她的真实事迹改编的电影《艾琳·布洛克维奇》（又译作《永不妥协》）由茱莉亚·罗伯茨主演。安妮塔·希尔，俄克拉荷马州立大学法学教授，于1991年指控美国大法官提名人托马斯（Clarence Thomas）性骚扰。理查德·克拉克是乔治·布什政府的前反恐事务首席官员，在美国国会“9·11”事件特别调查委员会上作证，指出布什政府在“9·11”事件之前并没有真正采取得力行动来打击国际恐怖组织。——译者注

2 骷髅（skeleton）常用于短语“a skeleton in the closet”中，直译为藏在壁橱里的骷髅，表示见不得人的丑事和秘密。——译者注

要把大象放到前景，就得给它打上聚光灯，还得让人们睁开眼，增加大象的可见度，就像二战时同盟国做的那样，通过展示纳粹暴行的图片迫使德国人正视大屠杀的事实[(10)]。“大象”就如同我们想象中的、藏在床底下的怪物，隐匿于黑暗中，而它正是利用这一点来汲取力量，一旦我们打开灯，它的力量就消失了。难怪我们把突然明白某事称为眼界被打开（eye-openers）。比如亚当和夏娃，他们刚吃下智慧树的果实，“他们二人的眼睛就明亮了”，马上意识到自己赤身裸体，明明早就看到，却从未意识到[(11)]。然而，否认不仅仅是不看，还意味着不听。因此要打破合谋沉默，还得让“大象”听得见才行。（电影《下半生赛跑者》[*Downhill Racer*]有一场戏极富张力：罗伯特·雷德福德 [Robert Redford] 在卡米拉·斯帕夫 [Camilla Sparv] 的车上听着后者喋喋不休地说这说那，就是不提爽约之事——两人本来计划好一起去度假的，她却没出现。卡米拉的闪烁其词激怒了罗伯特，他突然按起了汽车喇叭，极力想要卡米拉注意到她不愿承认的事实：他们俩之间出了问题，而她却在回避。）

广播节目主持人苏珊·德比尼（Suzan Debini）在以色列电台阿拉伯频道有一档旨在打破沉默的谈话节目，节目名称起得很贴切，叫《实话实说》（*Speaking*

Honestly)，她这样描述这个节目："在我们的社会中，有些话题是被禁的，阿拉伯社会……人们通常能做的就是把问题都扫到地毯下面，然后说'什么问题都没有'，于是我就把地毯撩起来，所有的问题都跑出来了[12]。" 2003年奥斯卡颁奖典礼上，从不墨守成规的纪录片导演迈克尔·摩尔（Michael Moore）的获奖感言更是表现出了这种直言不讳。这场颁奖典礼是在美国刚发动伊拉克侵略战争几天后举办的，主办方很明显想淡化此事，在这个本来应该严格按稿子发言的正式颁奖典礼上，摩尔说："我们喜欢非虚构类作品，我们却偏偏活在一个虚假的时代。在这个时代，虚假的选举结果给我们选出一位虚假的总统；在这个时代，有这么一个人，他把我们送去打仗，为的是虚假的理由。不管是虚假的胶带，还是虚假的橙色警报，我们反对这场战争。布什先生，您真可耻，布什先生，您真可耻[13]。"和揭发举报一样，把大象推到前景，通常是以书写的方式做到的，比如乱伦受害者的回忆录，比如致力于提高某种公众意识的"非主流"报纸——主流报纸中被忽略问题在这里被正视，比如《我们的身体》（*Our Bodies, Ourselves*）和《伊斯兰的困境》（*The Trouble with Islam*）这种自发公之于众的社会宣言，比如解读人们不愿谈论，却并不少见的婚后卧室孤独症的小说，再如那些意在吸引人们去关注，却每每被忽略了的

社会生活某些方面的社会学研究[14]。

把大象放到前景，通常要我们去命名那些难以名状的存在，以增加其可讨论性。贝蒂·弗里丹（Bette Friedian）关于主妇现实生活的批评名篇就是一例，她探讨了一直以来人们对主妇生活中存在的问题所持的沉默（此书第一章标题为“无名的问题”，开篇写道：“这个问题被掩埋着，无人提及，这么多年，一直埋在美国女性的心里”）。另外一个例子是《晚间热线》（*Nightline*）一期特别节目，在这期节目中，主持人泰德·考佩尔（Ted Koppel）只是大声念出了上百名死于伊拉克战争的美国士兵的名字，以强化在公众领域被淡化的人员伤亡。这种做法是以某种程度的直率为前提的。委婉语和“绕弯子”是人们用来否认真相的策略，要推翻这一策略，我们需“打开天窗说亮话”，借此打破沉默合谋。CNN记者沃尔夫·布利策（Wolf Blitzer）在一次记者招待会上直截了当地问克林顿总统，他有没有什么想对莱温斯基说的，毫无保留地质疑其对认识“那个女人，莱温斯基小姐”的极力否认[15]。

把大象放到前景要做得有匠心（比如一些反抗歌曲和反战展览，“西阿灵顿”纪念活动就是一例，人们在圣巴巴拉和圣莫妮卡海滩上仿造国家公墓以纪念伊拉克战争中丧生的士兵和平民）[16]，还要做得有幽默感。我们不妨看看《乔恩每日秀》(*Daily Show with Jon Stewart*)的一个讽刺剧，美国当局从国会报告中自作聪明地删掉28 页内容，以“避讳”“9 · 11”袭击中，沙特阿拉伯扮演的不言而喻而令人难堪的角色，冷面喜剧演员斯蒂芬 · 科尔贝（Stephen Colbert）把这 28 页内容描述成一件艺术精品 ：“可是，来瞧瞧这份报告吧。我是说好好地把它瞧上一瞧。注意看看对粗黑线条的运用，再来看看这件作品在向我们发问 ：‘政府报告是什么东西？它需要包含信息吗？’读者被迫陷入痛苦的思索，重新审视我们社会对事实、名称、日期、地点等信息的依赖性……我得说‘干得漂亮，布什政府，这份报告太妙了[(17)]’！”难怪说围绕着性、身体机能等传统禁忌话题，以及那些本来在“政治正确”话语规范庇护下的社会群体（残疾人，少数族裔）总是有那么多的幽默因素。的确，在某些政治环境下，这是把大象安全转移到前景的唯一话语方式。毕竟，即便是在纳粹德国，人们也至少可以隐晦地指出，他们领袖的实际长相和他们高调捍卫的完美雅利安男人形象之间是有强烈反差的。有这样一句蛮有讽刺意味的笑话，完美的德国人应该“像希特勒一样白皙，像戈培尔一样高大，像戈林一样苗条”[(18)]。[1]

1　此为反语，希特勒并不白皙，戈培尔身材瘦小，而戈林身型臃肿肥胖。——译者注当然，打破沉默的不仅仅有个人，还有赖于许多社会运动致力于提高公众意识，让人们看清那些被淡化了的社会问题。20 世纪 70 年代末[(19)]的阿根廷，“五月广场母亲”（Mothers of the Plaza de Mayo）[1]集体游行，抗议对不同政见者发起的“肮脏战争”，这是用集体力量把大象推到前景的典型实例。与此类似的，还有旨在提高妇女性暴力公众意识的“还我夜晚”（Take Back the Night）[2]集会，以及各人权组织为促使公众去关注血汗工厂工人、难民等一直以来被忽视人群所做的努力。

盲目和失聪

和沉默本身一样，打破它也需要整个社会系统的通力合作[(20)]。第一个提到房间里的大象的人，只是开启了承认它存在的过程的第一步，《皇帝的新衣》中小男孩的父

---

1 五月广场位于阿根廷首都布宜诺斯艾利斯中心，最早是17 世纪耶稣会的建筑，后以“五月革命”（即1810 年5月阿根廷人民发起的反对西班牙殖民统治的独立斗争）命名，是阿根廷总统府前的广场。“五月广场母亲”是阿根廷“肮脏战争”时期（见前注）失踪青年的母亲组成的团体，她们的儿子被军政府秘密逮捕或杀害。她们每周四都在广场上聚集，头戴白头巾组织抗议（白色据说为儿子尿布的颜色，代表母亲对儿子的怀念），寻找自己“被失踪”的儿子。——译者注

2 “还我夜晚”（Take Back the Night）又作“重获夜行权利”（Reclaim the Night）。是以反对强奸和其他性侵犯为目的的集会，在全球范围内都有行动，发端于20世纪70年代末，是女权主义运动的一部分。——译者注

亲让我们认识到，其他人必须紧随其后。确实，要真正地结束沉默的合谋，那么，合谋者一个不剩统统消失才不会有人继续合谋。

可以想见，要消解保持沉默的团体压力，人们通常也会借助团体的力量来打破沉默。正如在家庭成员的戒酒和戒毒问题上，家庭作为一个整体去干预该成员对自己行为的否认，是非常有效的。“一个人说些什么，很容易不起作用也不被重视……但当全家一起劝说时，他们就很难置之不理了。团体的力量足以打碎沉默，呈现真实[21]。”

如前所述，沉默的合谋者越多，那么那些处在少数境地、为大多数所压制的人，他们面对这种压制性的、要求其保持合谋沉默的压力就越大。然而，随着越来越多的人加入到打破沉默的队伍中来，前述情况的态势将最终发生迁移，并达到一个引爆点[22]。即要求承认大象存在的社会压力逐渐加压，最后，这种施加于剩下的沉默合谋者的社会压力将超过要求他们继续否认的社会压力。

然而，在这种可能发生之前，合谋的人们也需要对故事中那个孩子宣称国王没穿衣服一事做好准备才行。安然公司的莎朗·沃特金斯（Sherron Watkins）发现，当她告诉总裁肯尼斯·雷（Kenneth Ray）有关公司的会计方法存在问题时，她显然是低估了“国王没穿衣服现象的严重性……我说他没穿衣服，然后他转向其他围绕着他的大臣们，他们说……您当然穿了”(23)。[1]

确实，正如卡桑德拉（Cassandra）和拉奥孔（Laocoön）警告特洛伊人对要小心希腊人的木马这个建议被无视一样，我们对于那些试图让我们看到真相的人的最常见反应，就是忽视。正是通过吞噬掉试图打破沉默的人，我们扩大了合谋的沉默，使我们免于承认眼前大象的存在，并且有效地将其淡化为背景。

再以1968年发生在哥伦比亚大学的学生暴动事件为例。激进的学生领袖马克·鲁德（Mark Rudd）

> 从他靠近走廊的座位上起身，然后……走到了圣保罗小礼拜堂的台前……当副校长戴维·杜鲁门（David B. Truman）准备就“赞颂”马丁·路德·金发表讲话时，他挡住副校长先生，站在了麦克风前……“杜鲁门博士和柯克校长正在亵渎我们对金博士的纪念，”鲁德平静地说……怎么能够，他质问道，他们怎么能够一边称颂这位为清洁工人们建立

---

1 安然丑闻：2001年8月，曾排名全美500强第7位的能源交易公司安然（Enron）副总裁莎朗·沃特金斯发现公司账务上有许多不正常情况，她向公司总负责人肯尼斯·雷发出警告，却并没有得到回应。最终酿成安然丑闻，并导致安然公司破产。——译者注

工会而被刺杀的人，一边多年来与学校自己的黑人和波多黎各工人们的工会为敌？……怎么能够，鲁德继续追问，哥伦比亚大学怎么能够一边赞美一位推崇非暴力不合作的人，一边又限令禁止它的学生们参与和平抗议？……他从台上走下来……沿着座椅中间的过道，一直走出了小教堂的大门……后面跟随了另外40名学生。杜鲁门走到麦克风前，继续开始他的颂词，仿佛什么也没发生过[24]。

事实上，这正是“皇帝的新衣”的结局。当观礼皇家仪仗队的人们开始喊叫着他没有穿衣服时，国王假装什么也没听到：“国王颤抖着，因为他确信他们是对的；但是他想，‘我必须坚持到结束’。于是他更加趾高气扬地走着，身后是两位皇家侍寝官亦步亦趋，手捧并不存在的长袍下摆[25]。”可以想见，我们在多大程度上能够忽略打破沉默的人，大多取决于他们有多大的权力。比如，如果发出宣言的不是马克·鲁德而是哥伦比亚大学的校长柯克本人，那么假装什么都没听到，就没有那么容易了。一个人权力越小，旁人就越容易公开地无视他。

比如在托马斯·芬特伯格（Thomas Vinterberg）的电影《庆典》（*The Celebration*）中，男主角克里斯蒂安突然在父亲海尔格六十大寿的家族庆典中宣称，他和他前不久刚刚自杀的姐姐琳达在小时候都曾被自己的父亲所猥亵。尽管琳达自杀前的遗言也证实了这一点，但当他说完后，没有人对此作出任何表示，这提醒我们，只要持续被忽视，即使是被公开暴露的秘密，最终仍然会成为看不见的“大象”。

沉默的合谋者也会试图积极地把人们的注意力从打破沉默的人那里引开（海尔格告诉侍者们给每个人的杯中斟满酒，克里斯蒂安的哥哥迈克尔则让人弹一首“好听又轻松”的钢琴曲），或者会要求人们“向前看”，不要“纠缠”于他们披露的大象。（比如小布什试图用“现在没空玩责备游戏”来转移卡特里娜飓风后公众对他的批评。此外，阿诺德·施瓦辛格在2003年竞选州长时祭出危机公关手段，试图化解多篇有关他对女性不妥行为的、令人不忍卒读的广泛报道，其手法也如出一辙。）他们通常还会质疑打破沉默者的信誉度，借此暗示大象的不可信（克里斯蒂安的姐姐海伦娜称他所说的都不是真的，他的妈妈艾斯补充说，他总是分不清现实和想象），要么，就会试图让他们闭嘴。实际上针对凯瑟琳·哈里森的《罪之吻》，有一篇充满敌意的书评就是以“闭嘴”结束的[26]。

像告密者一样[27]，打破沉默者通常也会被挖苦，羞辱，而且常常被孤立。除了这些立竿见影的惩罚效果之外，这些招数还被用来恫吓那些围观打破沉默过程的看客，它们也确实起到了防止更多潜在的打破沉默者加入进来的作用。

事实上，这种威胁不仅仅只是针对所谓的潜在的打破沉默者而已，它是针对所有关注的人。毕竟，只有当我们所有的人都不说、不看、不听，我们所说的大象才能真正在房间里待下去。

原文注：

(1) *New Yorker*, August 2, 1976, 19.

(2) 参见 Judith L. Herman, *Trauma and Recovery* (New York: BasicBooks, 1992), 1.

(3) 关于干衣机，参见 Ronald G. Klietsch, "Clothesline Patterns and Covert Behavior," *Journal of Marriage and the Family* 27 (1965), 78–80.

(4) Aleksandr Solzhenitsyn, *One Day in the Life of Ivan Denisovich* (New York: Praeger, 1963 [1962]); Benny Morris, *The Birth of the Palestinian Refugee Problem, 1947–1949* (New York: Cambridge University Press, 1987). 参见 Yitzhak Laor, "We Write You, Homeland," in *Narratives with No Natives: Essays on Israeli Literature* (Tel Aviv: Hotzaat Hakibbutz Hameuchad, 1995), 133.

(5) Donald Cozzens, *Sacred Silence: Denial and the Crisis in the Church* (Collegeville, MN: The Liturgical Press, 2002), 6, 8; Shoshana Felman and Dori Laub (eds.), *Testimony: Crises of Witnessing in Literature, Psychoanalysis, and History* (New York: Routledge, 1992); Helena Roche, *The Addiction Process: From Enabling to Intervention* (Deerfield Beach, FL: Health Communications, 1990). 参见 Robert K. White, "Family

Intervention: Background, Principles, and Other Strategies," in Robert K. White and Deborah G. Wright (eds.), *Addiction Intervention: Strategies to Motivate Treatment-Seeking Behavior* (New York: Haworth Press, 1998), 12; Stanley Cohen, *States of Denial: Knowing about Atrocities and Suffering* (Cambridge: Polity, 2001), 222–277.

(6) Larry Gross, *Contested Closets: The Politics and Ethics of Outing* (Minneapolis: University of Minnesota Press, 1993); Warren Johansson and William A. Percy, *Outing: Shattering the Conspiracy of Silence* (Binghamton, NY: Haworth Press, 1994); Lynette Clemetson, "Proposed Marriage Ban Splits Washington' s Gays," *New York Times*, July 25, 2004, A17.

(7) Rolf Hochhuth, *The Deputy* (New York: Grove Press, 1964 [1963]).

(8) 关于社会生活的"内幕"，参见 Erving Goffman, *The Presentation of Self in Everyday Life* (Garden City, NY: Doubleday Anchor, 1959), 112–140.

(9) 参见 Herbert Fingarette, *Self-Deception* (London: Routledge & Kegan Paul, 1969), 39–51; Alina Kwiatkowska, "Silence across Modalities," in Adam Jaworski (ed.),

Silence: Interdisciplinary Perspectives (Berlin and New York: Mouton de Gruyter, 1997), 330; Dan Bar-On, *The Indescribable and the Undiscussable: Reconstructing Human Discourse after Trauma* (Budapest: Central European University Press, 1999), 165; Larraine Segil, *Dynamic Leader, Adaptive Organization: Ten Essential Traits for Managers* (New York: John Wiley & Sons, 2002), 125.

(10) Cohen, *States of Denial*, 251; Barbie Zelizer, *Remembering to Forget: Holocaust Memory through the Camera's Eye* (Chicago: University of Chicago Press, 1998), 136–137.参见 Segil, *Dynamic Leader, Adaptive Organization*, 3–4, 125.

(11) Genesis 3: 5–7.

(12) Nurit Wurgaft, "She Turns On the Mike and Lifts Up the Rug," *Haaretz*, May 31, 2004, www.haaretz.com/hasen/pages/ShArt.jhtml?itemNo=431602&contrassID=2&subContrassID=20&sbSubContrassID=0&listSrc=Y 参见 Jill Wagner, "Arab Talk Radio Host Seeks To Break Taboos," *MSNBC News* (online edition), July 22, 2004, http://thejuice.msnbc.com/id/5466283.

(13) "Moore Fires Oscar Anti-War Salvo," March 24,

2003, http://news.bbc.co.uk/1/hi/entertainment/film/2879857.stm.

(14) 参见 Kathryn Harrison, *The Kiss* (New York: Avon Books, 1997); Boston Women's Health Book Collective, *Our Bodies, Ourselves: A Book by and for Women* (New York: Simon and Schuster, 1973); Irshad Manji, *The Trouble with Islam: A Muslim's Call for Reform in Her Faith* (Toronto: Random House of Canada, 2003); Hanna Naveh, "The Marital Bed," in Hanna Herzog and Kineret Lahad (eds.), *Knowing and Remaining Silent: Mechanisms of Silencing and Denial in Israeli Society* (Jerusalem: Van Leer Institute, forthcoming); Harold Garfinkel, "Studies of the Routine Grounds of Everyday Activities," in *Studies in Ethnomethodology* (Englewood Cliffs, NJ: Prentice-Hall, 1967 [1964]), 35–75; Eviatar Zerubavel, *The Seven-Day Circle: The History and Meaning of the Week* (Chicago: University of Chicago Press, 1989 [1985]); Wayne Brekhus, "A Sociology of the Unmarked: Redirecting Our Focus," *Sociological Theory* 16 (1998), 34–51; Eric Klinenberg, *Heat Wave: A Social Autopsy of Disaster in Chicago* (Chicago: University of Chicago Press, 2002).

(15) Nadine Fresco, "Remembering the Unknown," *International Review of Psycho-Analysis* 11 (1984), 419; Betty Friedan, *The Feminine Mystique* (New York: W. W. Norton, 1963), 15; *Nightline*, April 30, 2004; "Clinton's 'Hunker-Down' Strategy Holds: President Sidesteps Most Things Lewinsky at Press Conference with U.K.'s Blair," www.cnn.com/ALLPOLITICS/1998/02/06/clinton.blair.presser; "President Bill Clinton, Prime Minister Tony Blair Joint News Conference—Feb. 6, 1998," www.cnn.com/ALLPOLITICS/1998/02/06/transcripts/clinton. 参见 Tamar Katriel, *Talking Straight: Dugri Speech in Israeli Sabra Culture* (Cambridge: Cambridge University Press, 1986); Brekhus, "A Sociology of the Unmarked," 35–36.

(16) www. arlingtonwestfilm. com 参见 www. breaking thesilence. org. il / index_en.asp.

(17) *The Daily Show with Jon Stewart*, July 28, 2003.

(18) Fritz K. M. Hillenbrandt, *Underground Humour in Nazi Germany* 1933–1945 (London: Routledge, 1995), 11. 参见 the cartoon on 37.

(19) 参见 Marguerite G. Bouvard, *Revolutionizing Motherhood: The Mothers of the Plaza de Mayo* (Wilmington, DE:

Scholarly Resources Inc., 1994).

(20) 参见 Kanan Makiya, *Cruelty and Silence: War, Tyranny, Uprising, and the Arab World* (New York: W. W. Norton, 1993), 25.

(21) Vernon E. Johnson, *Intervention: How To Help Someone Who Doesn't Want Help* (Minneapolis, MN: Johnson Institute Books, 1986), 66. 参见 Vernon E. Johnson, *I'll Quit Tomorrow* (New York: Harper and Row, 1973), 50; Roche, *The Addiction Process*, 189, 193.

(22) 参见 Malcolm Gladwell, *The Tipping Point: How Little Things Can Make a Big Difference* (New York: Little, Brown, and Co., 2000).

(23) *Time*, December 30, 2002–January 6, 2003, 59.

(24) Jerry L. Avorn et al., *Up against the Ivy Wall: A History of the Columbia Crisis* (New York: Atheneum, 1969), 28 [emphasis added].

(25) Hans Christian Andersen, "The Emperor's New Clothes," in *The Complete Fairy Tales and Stories* (Garden City, NY: Doubleday, 1974 [1836]), 81.

(26) Cynthia Crossen, "Know Thy Father," *Wall Street Journal*, March 4, 1997, A16.

(27) Alan F. Westin, "Introduction," in Alan F. Westin (ed.), *Whistle Blowing: Loyalty and Dissent in*

the Corporation (New York: McGraw-Hill, 1981), 1–15; Myron P. Glazer and Penina M. Glazer, *The Whistleblowers: Exposing Corruption in Government and Industry* (New York: Basic Books, 1989), 133–166; James M. Jasper, *The Art of Moral Protest: Culture, Biography, and Creativity in Social Movements* (Chicago: University of Chicago Press, 1997), 139; Joyce Rothschild and Terence D. Miethe, "Whistle-Blower Disclosures and Management Retaliation: The Battle to Control Information about Organization Corruption," *Work and Occupations* 26 (1999), 120; C. Fred Alford, *Whistleblowers: Broken Lives and Organizational Power* (Ithaca, NY: Cornell University Press, 2001), 18.

第 6 章

有些事儿不说更好

[群体成员] 会对威胁群体稳定的公开讨论保持缄默……而打破这种缄默，则会被视作对群体的攻击，是一种背叛。

——艾弗里特 · C. 休斯（Everett C. Hughes）

《好人和坏事》（*Good People and Dirty Work*）

假想一下，当有人打破缄默时我们会如何应对，就不难理解《皇帝的新衣》原版中告诉国王“不是我瞎了就是你什么也没穿”的人实际上被描述成一个基本“没有什么可失去的人”[1]。毕竟，揭露一般意义上的秘密的告密者们所遭受的深刻憎恨（这就是为什么他们中的大部分人都希望匿名），同样也会发生在那些揭露公开秘密的打破沉默者们身上。

尽管他们扮演的这种认知先锋的身份确实“打开了我们的眼界”，并帮助我们更清楚地了解事物[(2)]，但是打破沉默者总体上仍是被仇恨的对象。虽然我们可以完全享受故事中一个虚构的小孩，充满勇气地帮助他的国民同伴看到他们自负的统治者实际一丝不挂，然而现实生活中对试图打破我们恰好参与其中的沉默同谋时，人们的反应通常却大不相同。实际上，除了否认一个人们已经广为形成共识的问题（比如说滥用药物），或者用开玩笑的方式来打破沉默（比如在喜剧表演中）之外，打破沉默者经常会激起深深的憎厌。

留面子

我们憎恨打破沉默者的部分原因，是因为他们挑战了被我们认为理所当然的何为图景何为背景的结构安排，从而扰乱了我们认知上的平静状态。更重要的是，他们还企图强迫我们承认那些我们为了免于受伤害或不安而可以忽略的事情。一位读过哈里森关于乱伦的令人吃惊的回忆录的读者，一针见血地指出，“我们应该记得，俄狄浦斯，他挖出了自己的眼珠以惩罚自己所犯下的罪孽。哈里森选择睁开她的双眼。有些人宁愿选择盲目、虚幻的无辜，也不愿意付出了解罪孽的沉重代价。她迫使人们睁开双眼，了解真相，却因此得不到谅解”[3]。人们在遇到挑战自己已经形成的自欺世界观的信息时，经常会感到不安。很多人宁肯相信这种幻觉，也不愿相信痛苦的现实，并因此珍惜人的“做鸵鸟的权利（自我欺骗）”。通过“无知是福”和诠释约翰·列侬的话——如果闭上眼，生活会变得更轻松，他们总结说，“你不知道的东西不会伤害你”[4]。

“否认”在保护自己的同时也保护了他人。你正在交谈的对象一直在打哈欠，你却视而不见，这确实可以算作自我保护；但假装没有注意到这一点以不使对方尴尬，很明显是出于利他主义的考虑[5]。

不足为奇，正因为是一个还未被世故圆滑的忽视和讳莫如深的城府等社会规则所同化的小孩，才能使得他看到了大象，并且做到宣布皇帝的一丝不挂[6]。毕竟，这样做表明了他对皇帝的感受和尊严毫不顾忌。这与对其他人表现出移情和体贴的尊重，形成鲜明对比。比方说 CNN 的伯纳德·肖（Bernard Shaw），在 2000 年美国副总统辩论中，颇有心计地把关于同性恋的权利立法问题给了乔·李伯曼（Joe Lieberman），而不是迪克·切尼（Dick Cheney），因为后者的女儿就是一个同性恋。确实，在2004年总统竞选中的最后一次辩论中，约翰·凯利（John Kerry）提请大家对尽管谣言四起但很少公开提及的大象进行关注（当然，这一行为多少有伪善之嫌）。从愤怒的公众因此对他的攻击中可以看到，仇视和憎恨总是指向那些有效破坏合谋沉默的人，因为他们表现出了对他人感受和尊严的漠视[7]。（通过赫然公开大象的存在，他们使其他同谋者也很难继续伪装对大象的忽视。毕竟，如果没有人吸引公众聚焦在某件事情上，伪装无知会容易得多。）

故作漫不经心和小心谨慎，可以给别人留面子和避免伤害他们的感情。佯装并不注意（以防他们意识到我们其实的确注意到了），例如：他们增重了多少，他们放了屁，或是他们总是念错我们的名字，我们在设法帮助他们保全脸面[8]。总之，谈论某人的结巴、口臭，或是脱发，只能伤害他（她）的感情和自尊。

“有些事儿还是不说更好”的说法，也强调了保持沉默在避免冲突中的作用[9]。作为一种效果显著的社会润滑剂，它能减小摩擦，并使得社会交往更加“平滑”。如果百分百地直率，没有什么关系能够长存。关系越微妙，越需要确保某些事情永远不要摆上桌面。

别添乱子

沉默的同谋所保护的不只是个人的面子问题，也会保护整个集体的颜面，因此打破沉默的人则通常被认为不仅仅是不得体，事实上，他们经常被伙伴们公开指认为叛徒[(10)]。

菲利普·罗斯（Philip Roth）早期作品之所以让很多犹太裔评论家恼火，是因为看到他把“犹太裔美国人日常生活中许多脏衣服（dirty linen）[1]公之于众”。同理，当杰弗里·曼森（Jeffrey Masson）宣称弗洛伊德涉嫌隐瞒自己早期儿童性虐待观点时，激怒他的同行们的——那些心理分析学家——可能不是他的观点，而是他将这一观点公之于众。同样，艾沙德·曼日（Irshad Manji）《伊斯兰的问题：一个女性穆斯林对信仰改革的呼唤》（*The Trouble with Islam: A Muslim's Call for Reform in Her Faith*）的出版，以及比尔·科斯比（Bill Cosby）激进地公开抨击黑人青年文化，也分别引起了众多穆斯林和非洲裔美国人的强烈不满。这些证据表明，在外人面前洗净某个群体的“脏衣服”对其他成员而言，是一个特别有冒犯性的行为。《时代》杂志高级编辑克里斯托弗·法利

1 也作 dirty laundry，直译为脏衣服，比喻不愿公之于众的令人难堪的方面，即家丑。——译者注

（Christopher Farley）坦率地指出：“有一些……特定的东西……黑人是绝不会在……白人面前谈论的……比尔·科斯比打破了黑人的脏衣服就应该留在黑人的洗衣机里这个不成文的规则……一大批我的朋友和亲戚……更害怕的是他面对公众，而不是意见本身。”（也许是为了强调打破沉默和举报二者间最基本然而经常被忽视的差异，科斯比后来回应时提醒法利，并不是他实际上“泄露了某个没人知道的秘密……秘密在哪里？实际上秘密自己就会现身说法。从学校的走廊到街道，到街角的商店，再到公共交通，脏衣服就在那儿”。）[11]

打破沉默合谋不仅会伤害一个群体的公众形象，同时也能破坏它的组织结构。就像“别添乱子”这个建议性的习语所暗示的，这会干扰群体现有的政治地位，从而导致社会的不安定[12]。一个王国，总需要一个国王，就算他一丝不挂。难怪通常是掌权越少的群体成员在这样的“动荡”中失去得越少，同时他们受到打破沉默者的威胁也是最小的。越是掌权的（因此在保持现有地位的努力中有着更大风险）群体成员，越憎恨添乱的“捣乱分子”。

毋庸讳言，特别去关注其他群体成员所努力避免的事情，是一个隐含颠覆的行为。比方说性，福柯指出，“注定要……保持沉默，所以如果有人说出来，那就显而易见是故意的越轨行为……（当我们谈论它时）我们注意到正在挑战既有权力，我们的声调表明我们知道这是在颠覆”[13]。事实上，就像波兰诗人切斯瓦夫·米沃什（Czeslaw Milosz）在他的诺贝尔文学奖获奖感言中所说的：“在一个全体保持合谋性沉默的房间中，一句真话听起来就像凭空放了一枪[14]。”要打破这样的合谋，就需要撕毁某些不公开的社会合约，群体对待这些违反关注规则和谈话规则的人，就像他们对待其他藐视当局和无视他们规则的离经叛道者一般。

很多群体把打破沉默者视作对他们存在的威胁。以保护她们家庭的名义，一个女人虽然怀疑她的丈夫骚扰他们的女儿，却仍会装作若无其事。桑德拉·巴特勒（Sandra Butler），《沉默的合谋：乱伦的创伤》（*Conspiracy of Silence: The Trauma of Incest*）一书的作者，曾敏锐地观察到，“对性虐待保持沉默，实质上就是否认其存在，这才是他们所相信的家庭保持完整的唯一方式”[15]。

确实，许多发生过乱伦事件的家庭似乎认为，提及此事比性侵犯本身更让人难以承受。“对谈论此事的禁忌甚至比侵犯行为的禁忌更为强大[16]。”所以，许多组织面临有人试图揭穿内部腐败事件时也是同样的情形。索尼娅（Sonja）是电影《坏女孩》（*The Nasty Girl*）中天真的德国高中生，为了突出她的乡亲对纳粹政府的“抵抗”，对她想象出来的他们的英雄主义做了研究。她慢慢意识到，他们其实是有意把小镇历史上屈辱的一章轻描淡写，反而是她不经意地重提历史让人们感到更不安。事实上，我们经常把结束沉默的合谋一事，看得比沉默的合谋本身，更有威胁性。

原文注：

(1) Don Juan Manuel, “What Happened to the King and the Tricksters Who Made Cloth,” in John E. Keller and L. Clark Keating (trans.), *The Book of Count Lucanor and Patronio* (Lexington: University Press of Kentucky, 1977 [1335]), 132.

(2) 参见 Serge Moscovici, “Social Influence and Conformity,” in Gardner Lindzey and Elliot Aronson (eds.), *Handbook of Social Psychology* (New York: Random House, 1985),vol. 2, 385–396; Thomas E. DeGloma, “‘Safe Space’ and Contested Memories: Survivor Movements and the Foundation of Alternative Mnemonic Traditions,” presented at the “Spaces of Memory, Spaces of Violence” conference, New School University, New York, April 2004.

(3) Eleonora Lev, “Lolita: Her Real Story,” *Ha'aretz Literary Supplement*, October 7, 1998, 5 [emphasis added].

(4) Michael Stohl, “Outside of a Small Circle of Friends: States, Genocide, Mass Killing and the Role of Bystanders,” *Journal of Peace Research* 24 (1987), 159; John Lennon and Paul McCartney, “Strawberry Fields Forever,” 1966. 参见 Kari M. Norgaard, “People Want To Protect Themselves A Little Bit: Emotions, Denial

and Social Movement Non-Participation—The Case of Global Climate Change," presented at the annual meeting of the American Sociological Association, Atlanta, August 2003.

(5) 参见 Erving Goffman, "On Face Work: An Analysis of Ritual Elements in Social Interaction," in *Interaction Ritual: Essays on Face-to-Face Behavior* (Garden City, NY: Doubleday Anchor, 1967 [1955]), 5–45; Penelope Brown and Stephen C. Levinson, *Politeness: Some Universals in Language Use* (Cambridge: Cambridge University Press, 1987 [1978]); Linn Van Dyne et al., "Conceptualizing Employee Silence and Employee Voice as Multidimensional Constructs," *Journal of Management Studies* 40 (2003), 1368.

(6) 参见 Eviatar Zerubavel, "Personal Information and Social Life," *Symbolic Interaction* 5, no. 1 (1982), 107; Chalda Maloff and Susan M. Wood, *Business and Social Etiquette with Disabled People: A Guide to Getting Along with Persons Who Have Impairments of Mobility, Vision, Hearing, or Speech* (Springfield, IL: Charles C. Thomas, 1988), 42, 88; Shoshana Felman and Dori Laub (eds.), *Testimony: Crises of Witnessing in Literature, Psychoanalysis, and History* (New York: Routledge, 1992), 83.

(7) Chuck 45, "An Elephant in their Midst," October 9, 2000, www. thegully.com/essays/gaymundo/001009 elephant.html; "Cheney' s Daughter a Flash Point," *CBS News* (online edition), October 15, 2004, www. cbsnews.com/stories/2004/10/15/politics/main649514. shtml.

(8) 参见 *Babylonian Talmud, Bava Mesia*, chap. 4, folio 59b (in Jacob Neusner [trans.] *The Talmud of Babylonia* [Atlanta: Scholars Press, 1990], vol. 21, part B, 157); Ralph K. White et al., "Studies in Adjustment to Visible Injuries: Evaluation of Curiosity by the Injured," *Journal of Abnormal and Social Psychology* 43 (1948), 19; Thomas J. Bruneau, "Communicative Silences: Forms and Functions," *Journal of Communication* 23 (1973), 32; Erving Goffman, *Frame Analysis: An Essay on the Organization of Experience* (New York: Harper Colophon, 1974), 204; Judith Martin, *Miss Manners' Guide for the Turn-of-the-Millennium* (New York: Fireside, 1990), 306; Adam Jaworski, *The Power of Silence: Social and Pragmatic Perspectives* (Newbury Park, CA: Sage, 1993), 59–61.

(9) 参见 Mary P. Baumgartner, *The Moral Order of a Suburb* (New York: Oxford University Press, 1988), 60–66, 73–82; Deborah Tannen, "Silence as Conflict

Management in Fiction and Drama: Pinter's *Betrayal* and a Short Story, 'Great Wits,'" in Allen D. Grimshaw (ed.), *Conflict Talk: Sociolinguistic Investigations of Arguments in Conversations* (Cambridge: Cambridge University Press, 1990), 260–279.

(10) 参见 Terence D. Miethe, *Whistleblowing at Work: Tough Choices in Exposing Fraud, Waste, and Abuse on the Job* (Boulder, CO: Westview, 1999), 11–12, 21–23.

(11) Sanford Pinsker, "Art as Excess: The 'Voices' of Charlie Parker and Philip Roth," *Partisan Review* 69 (2002), 60; Jeffrey M. Masson, *The Assault on Truth: Freud's Suppression of the Seduction Theory* (New York: Farrar, Straus and Giroux, 1984), xv–xxiii; Christopher J. Farley, "What Bill Cosby Should Be Talking About," *Time* (online edition), June 3, 2004, www.time.com/time/nation/article/0,8599,645801,00.html [emphasis added]; www.filmstew.com/Content/details Printer.asp?ContentID=8896 [emphasis added].

(12) 参见 Peter Faulkner, "Exposing Risks of Nuclear Disaster," in Alan F. Westin (ed.), *Whistle Blowing: Loyalty and Dissent in the Corporation* (New York: McGraw-Hill, 1981), 42; Sissela Bok, *Secrets: On the Ethics

of Concealment and Revelation (New York: Vintage Books, 1989 [1983]), 213–214; W. Charles Redding, "Rocking Boats, Blowing Whistles, and Teaching Speech Communication," *Communication Education* 34 (1985), 245–258; Jo Sprague and Gary L. Ruud, "Boat Rocking in the High-Technology Culture," *American Behavioral Scientist* 32 (1988), 169–193; Kathleen D. Ryan and Daniel K. Oestreich, *Driving Fear Out of the Office: How To Overcome the Invisible Barriers to Quality, Productivity, and Innovation* (San Francisco: Jossey-Bass, 1991), 43–44; Marcia P. Miceli and Janet P. Near, *Blowing the Whistle: The Organizational and Legal Implications for Companies and Employees* (New York: Lexington, 1992), 81–83.

(13) Michel Foucault, *The History of Sexuality* (New York: Pantheon, 1978 [1976]), vol. 1, 6.

(14) Czeslaw Milosz, Nobel Prize acceptance speech, 1980. 参见 http://nobelprize.org/literature/laureates/1980/miloszlecture-en.html.

(15) Sandra Butler, *Conspiracy of Silence: The Trauma of Incest* (San Francisco: Volcano Press, 1985), 142. 参见 Pavel Machotka et al., "Incest as a Family Affair," *Family Process* 6 (1967), 100.

(16) Kate F. Hays, "The Conspiracy of Silence Revisited: Group Therapy with Adult Survivors of Incest," *Journal of Group Psychotherapy, Psychodrama, and Sociometry* 39 (1987), 143. 参见 Bok, *Secrets*, 309.

第7章

拿大象不好办

世间许多的不幸……都是由避而不谈造成的。

——费奥多尔·陀思妥耶夫斯基

考量完合谋性沉默的好处，现在我们再考察下它的代价。避而不谈在给个人和社会群体带来那么多显而易见的益处同时，也制造了严重的问题。

选择对坏事不看不听不谈论时，我们对得失的算计，其实就是在长期利益和眼前利益之间的权衡。许多由合谋沉默造成的益处，往往就是在为今后的问题埋下种子。正如《沉默之后》一书的作者南希·瑞恩在强奸发生后这些年中所反思的："我当时持续的沉默是在用逐渐恢复的假象遮掩创伤。"[1] 的确是这样，许多当下看似有益于我们的事物，却成了日后我们挥之不去的烦忧。

拒绝面对事实的本质就是欺骗，它扭曲人们对现实的感受。而当他人也加入到沉默中来，问题就更严重了。当所有人都拒绝承认"大象"的存在时，想要确信这头"大象"是自己亲眼所见，而不是想象出来的毕竟不是件容易事。正是这个原因，《罪之吻》中，哈里森被她父亲明目张胆地挑逗后，当事人双方都对此事缄口不语，造成的结果是哈里森对这件事是否真的发生过产生了怀疑："我一直都想着那个吻，但每次我想对父亲问及此事，都觉得张不开口。"部分原因是，"我有时怀疑是否真有此事。我问自己这整件事别再都是我自己臆想出来的吧"[2]。哈里森自己对此事的否认态度被她男友的否认态度进一步强化："'我说得不对，'我跟我男朋友说，'我把事情夸张了，描述得不正确。事情并不完全是那样的。'他有可能不是故意的……之前跟我男朋友讲这件事时他也被吓住了，于是在这个过程中我们成了共谋者。我们一起去忘记……我父亲做的那件事[3]。"

亲身经历得不到他人的确证，对于小孩子来说是尤为困惑的事情。因为年幼的孩子们是要依靠他人来理解他们的经历的。那个五岁小男孩的经历不就是这样吗？他妈妈带着他和秘密情人度过了几个小时，不久后却矢口否认这个人的存在[4]。对于孩子来说，如果身边没有一人谈及她父亲有目共睹的酗酒问题，她最终会“怀疑其他人是否也真看到了这头‘大象’，或是这根本就是自己臆想出来的”，而“既然她不能向别人问及这头大象，于是她就一直这么疑惑着”[5]。下面这则童谣，似乎刚好拿捏到了那种未经确证的经历产生的诡异感受：

> 昨天就在那楼梯上，
> 我看见一个男的，
> 他却没在那儿待，
> 今天他还是没在那儿待，
> 哎呀，我真希望他快走开。[6]

如果一个人的感官经历得不到确凿依据的验证，他可能会变得不再相信自己的感官，就像电影《煤气灯下》（*Gaslight*）阴森森的描述一样，渐渐失去对现实的把握。

我们身边的人都对“大象”们的存在拒不承认的话，往往会使得这些“大象”显得更可怕。的确，沉默不仅是恐惧的产物，它还是恐惧的重要来源。这也是为什么保持沉默会妨碍精神创伤的愈合[7]。因而，要想克服恐惧，我们通常需要去言说最初造成恐惧的那些不可言说[(8)]。

如同《皇帝的新衣》中的深刻描述，合谋沉默通常关系到人们内在体验和外在言说之间的不一致："'什么呀！'皇帝心想，'我什么也没看见呀！'可是他大声说道，'真是好看极了'……所有的王公大臣们……也跟皇帝一样什么都没看见，可是他们也跟皇帝说的一样……'太华丽了！真漂亮啊！没的说了！'他们异口同声，尽管谁的眼睛也没看到什么[(9)]。"从这些尖锐的讽刺性描述中，我们可以看到这种不一致，与奥威尔在《1984》中称为"辩证思维"的表里不一的互相关联："他的头脑不知不觉陷入辩证思维的迷宫。去了解还是不去了解，说着精心编造的谎言，尽管知悉所有真相，同时持两种观点……尽管知道它们彼此矛盾[(10)]。"这种表里不一是以某种程度的玩世不恭为先决条件的。一位原纳粹医生这样解释辩证思维的悖谬逻辑："我不能跟克莱恩医生说'不要把这个人送到毒气室'，因为我不知道他要去毒气室。你知道，那是个秘密。人人都知道这个秘密，但那还是秘密。"然而，这种表里不一还要求人们在某种程度上否认自己的感受。那些纳粹医生当然知道那些犹太人"不是去被重新安置，而是被杀掉，也知道'最终方案'指的就是把他们全杀光”，但他们使用这些麻痹人的委婉用语的意思，就是“杀戮……不需要……像杀戮那样被体验”，他们越是使用这样的语言，就越深地陷入“无感的状态”，感情变得日益麻木[(11)]。

不消说，这种对自身感受的否认是很累心的。“别想那事了”，哈里森告诫自己，试图忽略她对于和父亲乱伦关系的感受；然而她慢慢意识到，对这种感受的抗拒“似乎要付出巨大的努力”[(12)]。

此外，沉默合谋还可能引发孤独感。个人实际觉察到的和周围的人声称觉察到的，这两者之间的差异会销蚀人们对社会性的核心——主体间性(intersubjectivity)[1]——的寻求[(13)]，因而滋生出深深的隔离感。敞开心胸的交流把我们的距离拉近，而沉默使我们彼此疏远。“话语，哪怕是最对立的话语，”托马斯·曼如是说，“也使我们保持着联系——是沉默让我们彼此隔离[(14)]。”就仿佛一位悲痛的诗人在绝望中恳求道，

哦，求求你，说出她的名字
哦，求求你，再说一次“芭芭拉”
哦，求求你，咱们来聊聊房间里的大象。

1　主体间性：指作为社会主体的人与人之间的关系，关涉到人际关系以及价值观念的统一性问题。——译者注

可否我对你说出“芭芭拉”而你不把头转向一边

因为我不这样，你就会离我而去

留我……独自待在房间……

和一头大象[15]。

出于同样的理由，尽管“那么多的神职人员都是同性恋者，却从没人谈及此事也没人承认……”曾经是神学院学员的一位同性恋者回忆道，“所以我觉得自己是个异类，生活在为我而私设的地狱中”。相同的心理机制，在贝蒂·弗里丹（Betty Friedan）的《女性的奥秘》(*The Feminine Mystique*）里，那些得不到满足的主妇中间也很常见。“她们太羞于承认自己得不到满足，因而她们永不会知道还有多少女性跟她们有同样的遭遇[16]。”

乱伦和强奸的受害者时常经历的强烈孤立感，主要就来自这种合谋的沉默[17]。《潮浪王子》中，深切的孤立感加深了强奸留给汤姆以及他的母亲和妹妹萨瓦娜的创伤，而这种孤立感，正是由他们强加给自己的沉默造成的：“我觉得强奸带给我的创伤，和去恪守我母亲要我们保守秘密的规定比起来，后者要比前者的影响深远……我们甚至彼此之间都不谈论此事。这是一个秘密的……契约，签订契约的，就是这样一个愚昧和不惜把否认现实的约定变成灾难的乡村家庭。在沉默中我们将保持我们的声誉，使那件事成为禁忌。只是，萨瓦娜打破了这契约……三天后她第一次割了腕[18]。”这个故事正突出了群体场合所能发挥的治疗作用，即鼓励经历过创伤的人们彼此交流痛苦往事，以期消融他们的孤立感[19]。

然而，沉默合谋所造成的问题不仅仅是个人的。事实上，许多问题毫无疑问是社会性的。

人们可以想见，忽视一只“大象”是要付出许多共同努力的。公开的秘密终究“算不上秘密。要避免注意到或者谈论到这些秘密，是要消耗大量的社会能量的……如果某个家庭有这么一个秘密，那就如同在客厅中间有一块十吨重的巨石，然而谁也不许提及它。那人们就得绕过它走路，椅子也得摆放在不同的位置，或许可以朝那个方向斜瞄几眼，但绝不能直视。一系列的话题都渐渐成为禁忌”[20]。如同在蛋壳上行走这个意象所寓示的，这样的房间感觉更像是个雷区，我们在交谈每个话题时都“小心翼翼地溜边走”，十分“清楚我们随时都可能踩上地雷”[21]。

这样的谈话可以是围绕着任何话题，当然，那只大象除外。

我们聊聊天气。

我们聊聊工作

我们什么都聊——

除了房间里的大象[22]。

结果我们聊着“无关紧要却无伤大雅”的内容，讲述着微不足道的故事，为的就是掩盖住那些没说出来的事儿。为了确保不会无意中碰到那只大象，从而默认了它的存在，我们也会通过只谈论“安全”话题、避开那些有可能让我们一不留神落到禁忌领域的话题，以此来与大象保持安全距离。可以想见，我们的谈话能涉及的范围越来越小，我们渐渐住进了社交迷宫，里面满是关闭的大门和愈发狭窄逼仄的通道[23]。

毋庸置疑，大家一致忽略房间里的大象需要每个人的齐心协力，与人的交往因而变得疲惫不堪。自然，沉默也会造成很大的张力。真的是这样，沉默保持得越深，周围聚积的张力就越大。

一起合作忽略掉大象所做的努力，可能会遍布这些沉默合谋者相互交往的方方面面。的确，他们之间的关系可能会“在很大程度上被这只大象扭曲，因为他们不能提到它，无论是直接还是间接的”。一位曾经历过乱伦创伤的人这样描述她的家庭生活：“我们的秘密活在我们之间，玷污着我们说的每一句话[24]。”

由此看来，具有反讽意味的是，本来沉默合谋在某种程度上是为了保持群体团结，结果往往适得其反，它在暗中破坏了团结，因为它妨碍人与人之间建立坦诚相见、彼此信任的关系，而这一关系的建立是以开诚布公的交流为先决条件的[25]。的确是这样，在“保护”群体的努力下，沉默合谋却往往使该群体运转不良。

沉默也会使道德腐化，因为它为丑陋行径开了方便之门。难怪说沉默和保密是坏人们的重要武器。毕竟残酷和腐败都是在“暗中滋长壮大，要想把它们去除掉，需要我们用最明亮的光束去照射”[26]。

俗话说，沉默就是认同。对不当行径保持沉默相当于帮它正名，相当于去鼓励这些潜在的罪人认为这一不当行径在道德上是可接受的，从而纵容了他们的行为。如果一位母亲佯装不知道她丈夫侵犯她女儿的事实，她就通过默许助长了这一恶行[27]。看到领导对教授和学生之间的不正当关系不闻不问，其他教职员工也在暗中被教化成对这样的越界行为不以为然，这就好像军队里士兵目睹了他们的长官公开违反军规，却谁都不言语。

这就是为什么人们会把三不猴这个喻指否认真相的

惯用形象放在一则反强奸的广告中，借此来批讽这种文化风气，并附上文字说明："说到强奸时要压低嗓音。否则不知会冒犯谁……让谁难堪……甚至把谁送进监狱。但也许是该讲出来的时候了——大声讲出来——强奸受害者们的不公平遭遇。如果你这样觉得，那就讲出来吧，比如讲给在选举中你投票支持的对象听[28]。"在诸多类似的文字中，我们不妨也来看看这首民主德国诗歌，作于20世纪60年代：

对时代的声音充耳不闻，
对身边的事件视而不见，
心知肚明却不言不语，
这样的人才能活下来终老，

当然，但是，得有个条件：

要想这么活，
他得是石头刻成的[29]。

的确，许多人都把打破沉默看作"最了不起的道德之举"。如同马丁·路德·金所说："我们看到真相却一言不发之时，便是我们走向死亡之日。”确实，也许有一天，当我们回首对犹太人的那场大屠杀时，让我们记忆深刻的不仅仅是庞大的遇难人数，更是笼罩着这场大屠杀的深深的沉默[30]。

鸵鸟和大象

我们为了回避“大象”不知疲惫地努力着，这就说明“大象”确实让人犯难。然而回避它们丝毫也不能解决问题[31]。实际上，回避可能还会把事情变得更糟了。

“大象”不会因为我们假装没看见就自己走开。“每个人都希望，如果我们拒绝承认它们的存在，也许……它们会自动走开”[32]，但大家都知道鸵鸟的典故吧，它把头扎在沙土中，巴望着麻烦自己消失，结果也不能如愿。否认真相从根本上说就是欺骗性的，它可以让我们不必去认知身边不愉快的事情，却不能让这些事情烟消云散。一位有过乱伦经历的人对其噩梦中的一幕，这样生动地描述道：

> 那是一所度假别墅，我们全家一起来度假：我丈夫，父母，祖父母，我妹妹妹夫，还有我的

> 叔叔婶婶都在。这所房子就是一个大房间，空荡荡的，褐色的地板锃亮。大房间四壁有许多扇门通往卫生间。只是没有一个马桶能用。有的马桶已被拆下来，换上了垃圾筐。所有的马桶和垃圾筐都是满满的粪便。可每个人都表现得兴高采烈，说起话来高亢而做作，好像这房子没有任何的不对劲[33]。

合谋的沉默造就了这种对真相的集体性否认，阻止我们直面问题并继而解决问题（而且，正如许多在大屠杀中幸存下来的家庭所表明的，这些问题还有可能传递给以后的几代人）[34]。又比如说，对实际发生的乱伦事件保持沉默，只会让造成乱伦行为的变态家庭机制愈演愈烈[35]。纳尔逊·曼德拉向公众宣布自己的儿子死于艾滋病并发症，并敦促南非人“去公开谈论死于艾滋病的人们”[36]，以使艾滋（病毒）成为一个不用遮遮掩掩的公开话题，他的这一举动正回应了同性恋维权者们的预先警示，“沉默 = 死亡”，并告诫我们，公众对于艾滋病毒正在我们中间可怕蔓延这一事实，如依然保持沉默，则只会让它更具杀伤力。

具有讽刺意味的是，恰恰是我们为否认“大象”如影随形的存在所做出的共同努力，才使得这些“大象”

成为庞然大物。一旦我们开始承认“大象”的存在，它们便神奇般地缩小。只有当我们不再商量好了去忽略这头所谓的“大象”，才能最终把它赶出房间。

原文注：

(1) Nancy V. Raine, *After Silence: Rape and My Journey Back* (New York: Crown, 1998), 121 [emphasis added].

(2) Kathryn Harrison, *The Kiss* (New York: Avon Books, 1997),86.

(3) Ibid., 74 [emphasis added].

(4) Eviatar Zerubavel, *Social Mindscapes: An Invitation to Cognitive Sociology* (Cambridge, MA: Harvard University Press, 1997), 83–84. 参见 Thomas E. DeGloma, "Memory and the Cognitive Masking of Child Sex Abuse: Framing and Cognitive Asymmetries of Power in the Family," presented at the annual meeting of the American Sociological Association, Atlanta, August 2003.

(5) Marion H. Typpo and Jill M. Hastings, *An Elephant in the Living Room: A Leader's Guide for Helping Children of Alcoholics* (Center City, MN: Hazelden, 1984), ii. 参见 16.

(6) 此则童谣作者佚名，但很可能是根据 Ogden Nash 的一首内容相似的诗改编。

(7) Eric D. Lister, "Forced Silence: A Neglected Dimension of Trauma," *American Journal of Psychiatry* 139 (1982), 872–876; Judith L. Herman, "Foreword," in Sandra Butler, *Conspiracy of Silence: The Trauma of Incest* (San Francisco: Volcano Press,

1985), ix; Ruth Wajnryb, *The Silence: How Tragedy Shapes Talk* (Crows Nest, Australia: Allen & Unwin, 2001), 104, 191.

(8) Gordon W. Allport, "Foreword," in Norman L. Farberow (ed.), *Taboo Topics* (New York: Atheling Books, 1966 [1963]), vi; Kathleen D. Ryan and Daniel K. Oestreich, *Driving Fear Out of the Office: How To Overcome the Invisible Barriers to Quality, Productivity, and Innovation* (San Francisco: Jossey-Bass, 1991), 31, 35, 185.

(9) Hans Christian Andersen, "The Emperor's New Clothes," in *The Complete Fairy Tales and Stories* (Garden City, NY: Doubleday, 1974 [1836]), 79 [emphasis added].

(10) George Orwell, *Nineteen Eighty-Four* (New York: New American Library, 1961 [1949]), 32.

(11) Robert J. Lifton, *The Nazi Doctors: Medical Killing and the Psychology of Genocide* (New York: Basic Books, 1986), 203, 445.参见 442–447; Robert J. Lifton, "Imagining the Real," in Robert J. Lifton and Richard Falk (eds.), *Indefensible Weapons: The Political and Psychological Case against Nuclearism* (New York: Basic Books, 1982), 100–110; Arlie Hochschild, *The Managed Heart: Commercialization of Human*

Feeling (Berkeley: University of California Press, 1983); Judith L. Herman, *Trauma and Recovery* (New York: Basic Books, 1992), 1; Robert J. Lifton and Greg Mitchell, *Hiroshima in America: Fifty Years of Denial* (New York: G. P. Putnam' s Sons, 1995), 337–340; Derrick Jensen, *A Language Older Than Words* (New York: Context Books, 2000), 3.

(12) Harrison, *The Kiss*, 75.

(13) Zerubavel, *Social Mindscapes*, 6–8.

(14) Thomas Mann, *The Magic Mountain* (New York: Vintage Books, 1969 [1924]), 518. 参见 Wajnryb, *The Silence*, 77–78.

(15) Terry Kettering, "The Elephant in the Room."

(16) Mark Jordan, *The Silence of Sodom: Homosexuality in Modern Catholicism* (Chicago: University of Chicago Press, 2000), 89; Betty Friedan, The Feminine Mystique (New York: W. W. Norton, 1963), 19.

(17) 参见 Sandra Butler, *Conspiracy of Silence: The Trauma of Incest* (San Francisco: Volcano Press, 1985), 8, 188–90; Raine, *After Silence*, 126; Susan J. Brison, *Aftermath: Violence and the Remaking of a Self* (Princeton, NJ: Princeton University Press, 2002), 51, 56–59, 98.

(18) Pat Conroy, *The Prince of Tides* (New York: Bantam, 2002 [1986]), 500–501.

(19) Kate F. Hays, "The Conspiracy of Silence Revisited: Group Therapy with Adult Survivors of Incest," *Journal of Group Psychotherapy, Psychodrama, and Sociometry* 39 (1987), 143–156; Brison, *Aftermath*, xi; Thomas E. DeGloma, "'Safe Space' and Contested Memories: Survivor Movements and the Foundation of Alternative Mnemonic Traditions," presented at the "Spaces of Memory, Spaces of Violence" conference, New School University, New York, April 2004.

(20) Donald A. Bloch, "Foreword," in David S. Greenwald and Steven J. Zeitlin, *No Reason To Talk About It: Families Confront the Nuclear Taboo* (New York: W. W. Norton, 1987), viii [emphasis added].

(21) Wajnryb, *The Silence*, 249. 参见 46.

(22) Terry Kettering, "The Elephant in the Room."

(23) Dan Bar-On, *The Indescribable and the Undiscussable: Reconstructing Human Discourse after Trauma* (Budapest: Central European University Press, 1999), 158; Frederick B. Bird, *The Muted Conscience: Moral Silence and the Practice of Ethics in Business* (Westport, CT: Quorum Books, 1996), 141.

(24) Bloch, "Foreword" to Greenwald and Zeitlin's *No Reason To Talk About It*, viii; Sylvia Fraser, *My Father's House: A Memoir of Incest and of Healing* (New

York: Perennial Library, 1989 [1987]), 239–240. 参见 Bar-On, *The Indescribable and the Undiscussable*, 200–202, 210–215.

(25) 参见 Chris Argyris, “Skilled Incompetence,” *Harvard Business Review*, September–October 1986, 76; Jo Sprague and Gary L. Ruud, “Boat Rocking in the High-Technology Culture,” *American Behavioral Scientist* 32 (1988), 172; Ryan and Oestreich, *Driving Fear Out of the Office*, 36; Elizabeth W. Morrison and Frances J. Milliken, “Organizational Silence: A Barrier to Change and Development in a Pluralistic World,” *Academy of Management Review* 25 (2000), 719; Larraine Segil, *Dynamic Leader, Adaptive Organization: Ten Essential Traits for Managers* (New York: John Wiley & Sons, 2002).

(26) Donald Cozzens, *Sacred Silence: Denial and the Crisis in the Church* (Collegeville, MN: The Liturgical Press, 2002), 62; Sissela Bok, *Secrets: On the Ethics of Concealment and Revelation* (New York: Vintage Books, 1989 [1983]), xv; Herman, *Trauma and Recovery*, 7–8; Kanan Makiya, *Cruelty and Silence: War, Tyranny, Uprising, and the Arab World* (New York: W. W. Norton, 1993), 287. 参见 Bird, The Muted Conscience, 49–53.

(27) 参见 Judith L. Herman, *Father-Daughter Incest* (Cambridge, MA: Harvard University Press, 1981), 135; Jennifer J. Freyd, *Betrayal Trauma: The Logic of Forgetting Childhood Abuse* (Cambridge, MA: Harvard University Press, 1996), 162.

(28) *Playgirl*, August 1978, 9.

(29) A 1965 poem by Günter Kunert, in Wolfgang Mieder, *Tradition and Innovation in Folk Literature* (Hanover, NH: University Press of New England, 1987), 173. 参见 174 as well as the political cartoons on 170–173.

(30) James M. Jasper, *The Art of Moral Protest: Culture, Biography, and Creativity in Social Movements* (Chicago: University of Chicago Press, 1997), 139; Leonard R. Frank, (ed.). *Random House Webster's Quotationary* (New York: Random House, 1998), 788; Jacobo Timerman, *Prisoner Without a Name, Cell Without a Number* (New York: Alfred A. Knopf, 1981), 141. 参见 Makiya, *Cruelty and Silence*; Stanley Cohen, *States of Denial: Knowing about Atrocities and Suffering* (Cambridge: Polity, 2001).

(31) 参见 David S. Greenwald and Steven J. Zeitlin, *No Reason To Talk about It: Families Confront the Nuclear Taboo* (New York: W. W. Norton, 1987), 15; Mica Pollock, *Colormute: Race Talk Dilemmas in an American*

School (Princeton, NJ: Princeton University Press, 2004), 170.

(32) Jon Entine, *Taboo: Why Black Athletes Dominate Sports and Why We're Afraid To Talk about It* (New York: PublicAffairs, 2000), 10.

(33) Betsy Petersen, *Dancing with Daddy: A Childhood Lost and a Life Regained* (New York: Bantam, 1991), 57–58. On elephants' infamously foul smell, 参见 Audrey Hudson, "Biologists' Roles in Lynx-Hair Fraud under Review," *Washington Times*, April 23, 2002; Segil, *Dynamic Leader, Adaptive Organization*, 3. 参见 the cartoon in Mike Peters, *The Nixon Chronicles* (Dayton, OH: Lorenz Press, 1976), 81.

(34) Shamai Davidson, "The Clinical Effects of Massive Psychic Trauma in Families of Holocaust Survivors," *Journal of Marital and Family Therapy* 6 (1980), 14, 19; Sylvia Axelrod et al., "Hospitalized Offspring of Holocaust Survivors," *Bulletin of the Menninger Clinic* 44 (1980), 12; Bar-On, *The Indescribable and the Undiscussable*, 200–202, 210–215; Hadas Wiseman et al., "Parental Communication of Holocaust Experiences and Interpersonal Patterns in Offspring of Holocaust Survivors," *International Journal of Behavioral Development* 26 (2002),

371–381.

(35) Pavel Machotka et al., "Incest as a Family Affair," *Family Process* 6 (1967), 113–115. 参见 Bloch, "Foreword" to Greenwald and Zeitlin's *No Reason To Talk About It*, vii; Jensen, *A Language Older Than Words*, 4.

(36) CBS *News*, January 6, 2005, http://election.cbsnews.com/stories/2005/01/06/world/main665228.shtml.